新时期高校继续教育创新发展研究

刘浩源 著

北京工业大学出版社

图书在版编目（CIP）数据

新时期高校继续教育创新发展研究 / 刘浩源著 . —北京：北京工业大学出版社，2021.10 重印
ISBN 978-7-5639-7195-4

Ⅰ．①新… Ⅱ．①刘… Ⅲ．①高等学校—继续教育—研究—中国 Ⅳ．①G72

中国版本图书馆 CIP 数据核字（2019）第 273166 号

新时期高校继续教育创新发展研究

著　　　者：	刘浩源
责任编辑：	李倩倩
封面设计：	点墨轩阁
出版发行：	北京工业大学出版社
	（北京市朝阳区平乐园 100 号　邮编：100124）
	010-67391722（传真）　　bgdcbs@sina.com
经销单位：	全国各地新华书店
承印单位：	三河市元兴印务有限公司
开　　　本：	710 毫米 ×1000 毫米　1/16
印　　　张：	12.25
字　　　数：	245 千字
版　　　次：	2021 年 10 月第 1 版
印　　　次：	2021 年 10 月第 2 次印刷
标准书号：	ISBN 978-7-5639-7195-4
定　　　价：	45.00 元

版权所有　　翻印必究

（如发现印装质量问题，请寄本社发行部调换 010-67391106）

前　言

当前我国高校继续教育发展面临新的形势和挑战，企业大学的快速发展、职业教育集团的兴起，冲击着高校继续教育的发展空间，在线教育的蓬勃发展、继续教育的融合趋势推动着高校继续教育的转型升级。继续教育是在学校教育之后的一种教育，是终身学习体系的重要组成部分，是落实立德树人这一教育根本任务的重要举措。随着社会经济的转型发展和普通高等教育大众化的推进，高校继续教育工作如何创新发展成为人们关注的重要问题，促进高校继续教育的持续发展、转型和创新刻不容缓。

本书第一章为绪论，主要包括继续教育的概述、继续教育的兴起、继续教育的功能作用；第二章为我国高校继续教育的现状，主要阐述学历继续教育的发展现状、非学历继续教育的发展现状、继续教育信息化建设的现状、高校继续教育领域的研究热点、高校继续教育发展中存在的问题；第三章为高校继续教育的管理机制，主要包括高校继续教育的管理机制概说、高校继续教育的管理机制分析、高校继续教育的管理机制创新；第四章为高校继续教育的信息化建设，主要阐述移动微型学习模式、翻转课堂学习模式、校企共建共享课程资源；第五章为新时期高校继续教育的发展战略，主要阐述高校继续教育面临的机遇、高校继续教育发展的重新定位、高校继续教育发展的品牌战略；第六章为国内外典型地区继续教育实践的启示，主要阐述发达国家与地区的继续教育实践、我国发达地区继续教育的实践与发展、发达国家高校继续教育的发展经验、国内外继续教育实践对继续教育体系构建的启示；第七章为新时期高校继续教育运行机制的创新发展策略，主要阐述高校继续教育在规则层的创新发展、高校继续教育在表现层的创新发展、高校继续教育在物理层的创新发展、高校继续教育在运行环境中的创新发展、高校继续教育模式的创新发展；第八章为"互联网+"视阈下继续教育体系的创新发展，主要阐述"互联网+"概念的由来与内涵、"互联网+"为继续教育发展带来的机遇与挑战、MOOC为继续教育发展带来的新变革、"互联网+"背景下继续教育体系的构建。

  为了确保研究内容的丰富性和多样性,作者在写作过程中参考了大量理论与研究文献,在此向涉及的专家学者表示衷心的感谢。最后,由于作者水平有限,加之时间仓促,本书难免存在一些疏漏,在此恳请读者朋友批评指正!

目 录

第一章 绪论 ·· 1
第一节 继续教育的概述 ·· 1
第二节 继续教育的兴起 ·· 8
第三节 继续教育的功能作用 ·· 19

第二章 我国高校继续教育的现状 ·· 25
第一节 学历继续教育的发展现状 ·· 25
第二节 非学历继续教育的发展现状 ·· 28
第三节 继续教育信息化建设的现状 ·· 29
第四节 高校继续教育领域的研究热点 ·· 30
第五节 高校继续教育发展中存在的问题 ······································ 38

第三章 高校继续教育的管理机制 ·· 45
第一节 高校继续教育的管理机制概说 ·· 45
第二节 高校继续教育的管理机制分析 ·· 52
第三节 高校继续教育的管理机制创新 ·· 57

第四章 高校继续教育的信息化建设 ·· 65
第一节 移动微型学习模式 ·· 65
第二节 翻转课堂学习模式 ·· 76
第三节 校企共建共享课程资源 ·· 82

第五章 新时期高校继续教育的发展战略 ······································ 87
第一节 高校继续教育面临的机遇 ·· 87
第二节 高校继续教育发展的重新定位 ·· 90
第三节 高校继续教育发展的品牌战略 ·· 97

第六章　国内外典型地区继续教育实践的启示 ················ 107

第一节　发达国家与地区的继续教育实践 ················ 107

第二节　我国发达地区继续教育的实践与发展 ············ 117

第三节　发达国家高校继续教育的发展经验 ·············· 121

第四节　国内外继续教育实践对继续教育体系构建的启示 ···· 128

第七章　新时期高校继续教育运行机制的创新发展策略 ········ 131

第一节　高校继续教育在规则层的创新发展 ·············· 131

第二节　高校继续教育在表现层的创新发展 ·············· 138

第三节　高校继续教育在物理层的创新发展 ·············· 144

第四节　高校继续教育在运行环境中的创新发展 ·········· 149

第五节　高校继续教育模式的创新发展 ·················· 151

第八章　"互联网+"视阈下继续教育体系的创新发展 ········ 159

第一节　"互联网+"概念的由来与内涵 ················ 159

第二节　"互联网+"为继续教育发展带来的机遇与挑战 ···· 164

第三节　MOOC为继续教育发展带来的新变革 ············ 168

第四节　"互联网+"背景下继续教育体系的构建 ········ 179

参考文献 ·· 185

第一章 绪 论

随着我国经济社会步入新时代，经济发展方式发生了重大转变，继续教育需求越来越迫切。高校继续教育是我国终身教育体系的重要组成部分，高校继续教育为服务国家经济社会发展战略和人才强国战略做出新的贡献。本章主要包括继续教育的概述、继续教育的兴起、继续教育的功能作用三部分。主要内容有继续教育的内涵、国际继续教育的发展情况、继续教育有助于促进国民整体素质的提高等。

第一节 继续教育的概述

一、继续教育的内涵

一般来说，大学后的成人再教育被称作继续教育。在我国，主要是指对在职的技术人员和管理人员进行再教育。这种教育，既包括受过正规大学教育的人员，也包括未受过大学教育，通过自学达到大专学历水平的人员的再学习。继续教育的目的是提高思想道德水平、改善知识结构、增强专业能力、开发创造力，提升受教育者的综合素质，使其能够适应并促进社会、科技、经济的发展。概言之，继续教育旨在通过全面提高受教育者的整体素质，特别是其中的创造素质，培养高级专门人才，直接有效地为社会主义现代化建设服务。

在第二次世界大战之后，英、美两国最先提出继续教育的理念。不久，随着科技、经济、政治、文化、人口等因素的不断变化，越来越多的国家开始关注这一全新的教育领域。虽然继续教育在各国都取得了快速的发展，但是，各国对继续教育概念的理解却不一致，有着不同的表达方式。我国的继续教育是从1979年清华大学张宪宏教授在国内的介绍宣传开始的,从此,我国便卷入了世界继续教育的发展洪流。在我国,也出现了对继续教育的几种不同的认识,以下三种观点比较集中。

①继续教育是成人教育的重要组成部分,是对学历教育的补充和发展,针对大学以上学历、中级以上职称的技术人员开展,目的是更新他们的知识、提高他们的技能水平。②继续教育是指对大学后在职的专业技术人员和管理人员的再教育。③继续教育是成人教育的重要组成部分,是对学历教育的延伸和补充,但是针对的是有一定学历和技能的在职人员进行再教育,从而更新他们的知识、提高他们的职业能力。

上述三种观点都认为,继续教育是对在职人员的再教育,不同之处就是对教育对象的确定。第一种观点认为教育对象是已经获得大学以上学历的人,第三种观点则认为教育对象是具有一定学历的人,两者之间有很大差别。大学以上学历就是大学毕业之后,而一定学历范围就很广,从小学到高中乃至研究生都算是有一定学历。目前,我国比较一致的观点是,继续教育是对具有大专以上学历和中级以上职称的专业技术人员和管理人员进行再教育。

我们认为:广义的继续教育应该是接受过一定正规化的学校教育之后(按照我国教育法规定,至少应为9年的义务教育),由于种种原因,中断了在学校学习的过程,参加了工作或待业一定的时间,根据职业要求或个人发展的需求,再次接受学校或培训机构的教育,这种教育可以是学历教育,也可以是非学历教育。狭义的继续教育是国家政府以社会、经济、科技的发展为目标,只针对具体群体开展的再教育形式。一般来说,参与继续教育者都具有一定的自然科学和人文科学水平,这是通过国家的义务教育来实现的。当然,义务教育在不同的国家和地区有不同的理解和规定,并且义务教育也是随着经济和社会的发展而不断提高的。如果一个人从高中、大学、硕士、博士、博士后等阶段的教育一直持续下来,那么他所接受的教育就不应该划入继续教育的范畴,而应该属于连续教育的范畴。

我国的继续教育经过了几十年的实践和发展,已经取得了显著的成绩。目前,继续教育一词家喻户晓、人尽皆知。继续教育的研究工作也被纳入教育科学研究的整体规划之中,发展前景很好。与继续教育相近的概念有以下几种。

(一)继续工程教育与继续教育

继续工程教育主要针对的教育对象是在职科研人员、工程技术人员,以帮助其获得新理论、新技术、新方法为目的的教育。在我国,直接将继续工程教育中的"工程"二字去掉，直接使用继续教育，其教育范围比继续工程教育更加广泛，既可以说继续工程教育是继续教育的主体，也可以说继续教育包含继续工程教育。这种教育是对高等教育的补充和发展，帮助在职人员更新知识内容、完善知识结构、提升专业水平、增强创造能力。

（二）成人教育与继续教育

在我国，成人教育的对象是社会承认的成年人，如工人、农民、军人、无业人员等。成人教育的范围更为广泛，并且分为多种层次、多种类别的教育，如职工教育、继续教育、岗位培训等。继续教育主要的教育对象是有一定学历的专业人员和管理人员，主要的目的是提升受教育人的整体素质，可以说继续教育是高层次的成人教育。

（三）岗位培训与继续教育

岗位培训是一种定向培训，主要是根据岗位需求对从业人员进行政治思想、工作能力、生产技能等方面的培训，主要包括岗前培训、转岗培训、下岗再就业培训。也可以说岗位培训是一种应急的、专项的资格培训。从上述描述中，我们可以看出，岗位培训和继续教育有很多相同的内容。也就是说，继续教育包含岗位培训，岗位培训是继续教育的组成部分。

（四）终身教育与继续教育

正规、非正规、非正式的教育形式都属于终身教育，这是一种全面的教育形式。终身教育具有时间灵活、地点灵活、内容灵活、方法灵活等特征。在第三次全国教育工作会议中提出了构建终身教育体系的目标，并要建立和完善与之相关的教育制度。这一目标的提出，充分反映了社会的发展和经济的变化。终身教育体系是人一生都在不断学习的过程，是为了适应社会发展不断学习的过程，是建设学习型社会的重要理念和原则。而继续教育只是终身教育的一个时段。

二、继续教育的类型

从教育学的角度来看，继续教育是一种教育形式。继续教育类型的确立与教育对象的学习时间、要求有密切联系。一般来说，接受继续教育的人分为两种：一种是接受某个阶段的正规教育的人；另一种是有培训、进修需求的人。

前者的教育是补充或者提升学历，属于学历教育；后者是对知识、技能的补充和提高，是一种培训，属于非学历教育。这两种人的学习时间也是不同的，前者多为不脱产或者半脱产，也会出现少数全脱产的；后者的学习周期短，基本都是不脱产。

（一）提升学历性质的继续教育

学历教育由经教育部批准有权授予毕业文凭的高等学校或成人高等学校实施。随着社会的发展和人类的进步，越来越多的人认识到"重学历、轻能力"的弊端，但是，"学历"问题是人们社会、政治、经济活动中永远不可能回避、轻视的问题。因此，生活在现实社会当中的人们都有追求更高层次学历的梦想。目前，在我国获得高一层次的学历主要通过成人高校、自学考试、专升本插班生、广播电视大学、远程教育、网络学院等途径，也可以通过出国留学的渠道，使自己的学历和能力得到进一步提升。取得本科学历以后，还可继续深造，参加双专业、双学位学习；攻读硕士研究生；攻读博士研究生和进行博士后研究。

（二）非学历性质的继续教育

非学历教育是指在国家教育行政部门统一学制要求以外的无权授予学历证书的各类教育活动。不同年龄、不同职位的人都可以参与非学历性教育的继续教育，而且这种形式的继续教育不受时间的限制，可以根据自己的需要选择学习的方式和时间。例如，岗位培训、个人进修、专业技术培训等。

我国从20世纪80年代中期开始举办继续教育，国家或企事业单位资助的继续教育，以短期培训为主，主要教育对象是在职的工程技术人员。例如，建筑工程师培训、机械工程师培训、会计师培训、律师培训等，一般都由行业学会或者企业举办。后来这种教育逐渐发展成具有社会性质的多层次培训教育，如生产企业举办的车间主任培训、班组长培训，教育部门举办的校长培训、教师培训等。这些教育培训活动，实际上都是对继续教育形式的补充。这些培训活动中有一类职务岗位培训活动，带有行业行政定性行为，对今天的继续教育仍有较大影响，那就是对厂长、经理、社长、主编类人员的培训。这是一种岗前教育培训，只有拿到培训证书的人才能在这个岗位上工作。尽管当时这类培训没有落实，但有效地推动了我国专业技术行业向正规化、科学化、现代化发展。

总的来说，目前举办学历性质的继续教育对高校来说是成型的东西，已经有比较成功的经验，在办学方面基本上以夜大、函授、自考、电大办学为主。而且我国每年普通高考结束之后，有许多没有考上大学的学生，这部分青年学生可以进入成人高校学习，实现大学梦。所以，对学历性质的继续教育来说生源基本稳定。

而举办非学历性质的继续教育对高校来说还需要深入研究。首先，高校需要具备一定科研成果、教育成果、资深的教师以及管理的精心组织。因此，一个大学继续教育开展得好坏也从侧面反映出了一个大学的综合能力。其次，一些学校对继续教育的认识和重视程度不够，也制约了高校继续教育的发展。非学历性质的继续教育要求高校要适应社会主义市场经济发展的需要，了解和读懂政府的有关政策和企事业单位的需求，主动走出去找市场，拓宽培训渠道。

三、继续教育的内容

继续教育的内容具有动态性，随着社会的发展、科技的进步、时代的需求、人们的要求不断更新，这是由继续教育的性质决定的。因为接受继续教育的人们本身都已经具备一定的文化知识，他要对原有知识进行更新而选择的一种学习形式。在发达国家，参与继续教育的主要是专业的技术人员，如德国十分重视产业技术工人的继续教育培训，每年都会安排技术工人进行一次培训，部分企业甚至会一年培训两次。在英国和美国主要是对工程技术人员进行继续教育，目的是帮助其更新新技术、新知识，培养创新能力。在我国，继续教育的内容最初是传授新知识、新技术，实现完善人们知识结构的目的。后来继续教育与素质教育相结合，开始注重技能综合素质的培训。现在，终身教育理念的提出，进一步丰富了其教育内容，不仅要补充知识和完善技能，更要与终身教育相结合，共同建设学习型社会。从这个方面来说，当今继续教育有更深刻的内涵，一是发展学历性质的继续教育，除了现有的专科、专升本的学历教育内容之外，也要发展研究生、博士学位的课程。二是非学历性质的继续教育，除了上面提到的以外，还有自然科学、人文知识、风俗习惯、世界经济等。总之，只有不断更新和丰富教育内容，才能更好地构建终身教育体系。因此，在实施继续教育时，要根据人们的不同层次、不同需求、时代的发展，规划和设计出继续教育的新内容、新课程。

四、继续教育的性质

根据继续教育的内涵和宗旨，继续教育的性质可归结为以下几点。

（一）高层次性教育

前文提到过，继续教育是成人教育中的高层次教育，是对有一定学历的在职专业技术人员和管理人员进行再教育，更新受教育者的理论知识，提升受教育者的专业能力水平，使其能够达到任职资格，培养出高级的专业人才。很显然，这种教育是一种高层次性教育。

（二）创造性教育

创造性是人才的本质属性之一，是人才与一般人群的最基本的区别。其中高级专门人才，特别是出类拔萃的人才，其创造性尤为突出。作为培养高级专门人才重要渠道的继续教育旨在培养教育对象的创造素质，开发他们的创造力。可见，继续教育本质上是一种创造性教育

（三）新颖性教育

高级人才的创造性，往往表现在社会、经济和科技发展的前沿和未来。要使高级人才在各领域前沿有所创新，继续教育就得组织专业技术人员创新知识武装受教育者，还得给他们传授有关未来发展的理论知识，训练预测未来的技能。所有这些，均充分体现了继续教育是一种新颖性教育。

五、继续教育的特点

（一）继续教育与成人教育的共性

既然继续教育是成人教育中的一种高层次教育，那么二者之间必然有共同之处。其主要表现为以下几个方面。

1. 教育对象的成人性

从教育对象的角度来看，普通学校的教育对象是青少年学生，而继续教育与成人教育的教育对象是社会承认的成人，是社会的建设者，这充分体现了教育对象成人性的共性。

2. 教育体系的开放性

从教育体系的角度来看，普通学校的教育体系都是针对某个年龄段的学生，与社会相隔离。而无论是继续教育还是成人教育它们的教育体系与普通学校教育体系不同，与社会紧密相连、息息相关，且可容纳不同年龄段的成人受教育。

它们可以帮助在职人员在需要的时候重返校园，完成课程之后回到工作岗位，也可以学习和工作交替进行，使教育和劳动形成一个统一体，这充分体现了教育体系开放性的共性。

3. 教育过程的终身性

从教育过程的角度来看，综观人的一生，接受全日制普通学校教育是短期的、有限的，而接受成人教育和继续教育则是长期的、终身的，与人的生命共始终。成人总是处在知识信息传递、补充、更新、再传递、再补充、再更新的循环往复过程之中。这充分体现了教育过程的终身性的共性。

4. 教育方式的多样性

从教育方式的角度来看，继续教育与成人教育一样，其教育对象之间的差异性及其结构的复杂性，决定了教育方式的灵活多样性，以适应不同类别、不同层次成人学员的各种不同情况和不同需要。这又充分体现了教育方式灵活多样性的共性。

5. 办学主体的多元性

从办学主体的角度来看，继续教育和成人教育的教育对象面广量大，来自社会各界。因此，也就需要发动全社会的人力、物力、财力来办教育，可以是国家办、地方办、大学办、社会团体办等，也可以是相互之间联合办。这充分体现了办学主体多元性的共性。

（二）继续教育的特殊性

对继续教育的研究仅仅是研究它与成人教育之间的共性是不够的，还要重点研究其特殊性。以继续教育的内涵、性质研究为依据，它的特殊性包含以下几点。

1. 教育对象的高智能性

继续教育的教育对象与其他成人教育的教育对象相比，具有高智能的特点。首先，教育对象学历高，都具有大专及以上学历；其次，有一定的社会贡献，大部分教育对象都是中级以上的技术人员和管理人员，是先进工作者。

2. 教育范畴的无限性

继续教育是大学后的再教育，因此它的起点就是大专文化水平，并且继续教育没有终点。科学的发展具有无限性，继续教育是对新技术、新科技、新知识进行不断更新的过程，因此继续教育的范畴也是无限的。当然，在一定时期内的继续教育有其相对的教育范畴。

3. 教育内容的先进性和前沿性

继续教育内容的先进性和前沿性是由它的性质决定的，教育内容的先进性指的是继续教育传授的内容都是当代最先进的技术和管理方式；教育内容的前沿性指的是继续教育教学站在当代科学技术和管理的发展前沿，这一点在研究型的继续教育中尤为明显。只有这样的教育内容才能让受教育者得到先进的知识，发展创造力，提升综合能力。

4. 教育的办学主体和模式的合成性

继续教育的这一特点也是由其性质和内容决定的，主要指的是继续教育的办学形式和条件。继续教学办学具有联合性、互补性，一个单位开办继续教育，总会在某方面的条件上有局限性，尤其是师资队伍建设方面，很难满足继续教育办学的高层次性要求。因此，继续教育往往会采用联合办学的形式，条件互补，多方位的开展继续教育，以此来保证教学质量。

5. 教育周期的短期性

这个特点也是由继续教育的性质、对象和内容所决定的。第一，这些受教育者均有大专以上文化程度和专业基础，并且都在专业领域内有一定成就，基础的理论知识不用讲，周期缩短有可能性，再加上这些对象都是各单位的骨干力量，不可能有很长的学习周期。第二，教育的内容都是专业领域的新技术、新成果，甚至部分前沿性的内容是具有研究性质的，所以需要讲授的内容也并不多。因此，继续教育周期短、频率高、见效快。

第二节 继续教育的兴起

一、继续教育的兴起

继续教育是人类社会生产力和科学技术发展到一定阶段的产物。近代社会，世界上每一次科学技术革命的兴起，都使世界生产力掀起了一次新的高潮，同时也推动了继续教育的兴起。

18世纪下半叶，以牛顿力学和机械技术的科技基础，促进了机械大工业代替工厂手工业。蒸汽机的发明，使火车、轮船等大机器制造业飞速发展，以英国为代表发生了历史上前所未有的科学革命、技术革命和产业革命，带来了世界第二次生产力高潮。此后，由于科技、经济发展不平衡，欧洲发展较快，亚洲和美洲也受到波及。为了引进、消化先进技术，促进产业革命的发展，不少国家开始对科技人员进行培训。日本提出"殖产兴业""和魂洋才"的方针，邀请国外技术专家和教师讲课，派出留学生、研修生出国学习，积极移植西方科学技术，提高了在职人员的技术水平，培养了新生科技力量。

19世纪中叶，世界掀起第三次生产力高潮，德国派出大批学者留学英国，回国后从事科学研究和教育工作，开创了德国科学繁荣的历史新时期。德国的化学工业技术很快占据世界首位，染料工业产量和质量超过美国，合成染料工业带动了纺织工业、制药工业、油漆工业与合成橡胶工业，促进天然制品被化学制品取代，使人类进入了"化学合成时代"，德国也由此成为世界科技与经济的中心。

19世纪下半叶，世界掀起了第四次生产力高潮。南北战争后，美国发动了产业革命，并发展了铁路、电信、农业、轻纺工业等先导产业，建立了相关行业联合的大型托拉斯经营体制。为提高工程师的数量和水平，美国一方面从国外引进人才，另一方面积极开展短期培训。许多高校与企业联合，参与企业的咨询、科研，为企业培训技术人员和管理人员。美国政府通过立法支持教育事业，促进了科学技术与工业的发展。他们还重视信息利用，通过血缘关系，使欧美信息频繁交流。欧洲的任何新技术动向，如蓄电池、蒸汽机、DDT和电报等都能在美国得到迅速反映，致使电力技术革命源于欧洲，完成在美国。电机、电话和电灯三大发明，照亮了人类实现电气化的道路。

第二次世界大战之后，人类进入技术综合创新的高技术时代，并迎来了世界第五次生产力高潮。为发展经济，日本战后提出"技术立国""技术称霸时代""高技术时代"的口号。他们利用各国技术之长，走出一条不断创新、不断综合的发展生产技术的道路。经过40多年的努力，日本成为世界最富的国家之一。

日本腾飞有许多原因，其中有两项政策起到了不可估量的作用，同时也促进了继续教育的发展。第一是行之有效地引进、消化、吸收和发展技术，日本提出"着眼于技术引进，立足改进，以有利于队伍成长为目的确定发展技术"和"技术在离产品最近的地方下功夫"的政策，致使日本仅用20多年就完成了欧美几十年才完成的现代工业体系的技术建设，只用几十亿美元引进费用，买回来几百亿、上千亿美元的经济效果，只用技术应有投资的25%，完成了主体工程所要求技术的70%；利用一次引进达到设备更新、人才培养、提高生产技能、减少进口和节约外汇的多种目的。第二是"成败兴衰在于培养有创造能力的人"的政策，日本为强化全民教育，在实行学校科技知识教育、家庭道德习惯教育、部门忠于职守的敬业教育和强化竞争意识的社会教育的同时，又重点提出培养职工技术创造力、运用技术的创造力和销售产品的创造力，让"综合就是创造"的思想在企业生根。这一政策的实施，促使日本综合世界产品优势，形成三分欧洲、七分美国的新技术体系，生产出众多世界一流产品。

世界继续教育的萌生与兴起，紧随世界几次生产力高潮而来，在科学技术是第一生产力中发挥了重要的桥梁作用，推动了世界经济的发展，并促进许多国家一跃成为经济发达国家。

二、国际继续教育的发展情况

当今世界，和平与发展已成为主要潮流，教育与科学技术的进步，知识与智力的开发，是新潮流的推动力量。无论是发达国家，还是发展中国家，继续教育均是使其强盛发达的基本保障。

（一）美国

美国是当今世界经济高度发达的国家，生产规模巨大，经济结构完整，国民生产总值长期居世界第一位。美国文化教育的高水平决定了美国在世界科技方面的领先地位。美国的法律规定儿童6～16岁必须入学接受教育，在美国人看来人人都有接受教育的权力。美国大学分为三类：两年制学院、四年制学院、综合性大学。但一个受教育者接受大学教育、研究生教育只是一次性的，随着科学技术突飞猛进的发展，新知识层出不穷，新技术发展迅速，各学科交叉渗透，人们不可能只通过一次学习就具备了所需要的全部知识和能力，而继续教育具有不同于普通高等教育的"终身"特性。因此，美国政府、院校尤其是企业界非常重视继续教育。

美国继续教育最初只是应用在农业技术培训方面，42%的职工从事农业，但后来随着社会的不断发展，科技的不断进步，尤其是国家工业化后，美国农业的职位数急剧下降，只剩2%。随着国家向知识时代和自动化时代转变，美国制造业的职位从1950年的37%下降到1999年的18%，相应的继续教育的范围不断扩大，其内涵和外延也发生了很大的变化，现已延伸到建筑、食品、能源、环保、信息高新技术领域。

20 世纪 90 年代以来，美国政府制订了一系列提高教育质量的综合计划，在初等、中等和高等教育这些正规教育完成之后，还鼓励人们进行终身教育，不断获取新知识、新技术、新本领，以适应科学技术的迅猛发展，跟上时代前进的步伐。美国的培训网络十分发达，能够给个人提供广泛的教育机会，从而提高受教育者的理论知识和技术水平，提升人才素质。美国有继续教育学院、公立中学的第六级学院、第三级学院等继续教育机构，主要进行职业教育。完成继续教育阶段学习的学生可以参加国家职业资格考试、普通国家职业资格考试等。美国 90% 以上的企业为职工制订了培训计划，美国对现职科技人员的继续教育常抓不懈。美国每年都会投入大量教育资金，用于在职培训全国 200 万工程师，每年 1/4 的员工参加继续教育，平均每人花费 3000 美元。

美国是继续教育起步较早的国家。美国继续教育结构的形成、发展和变化过程是一个与其市场经济调节，尤其是与劳动力市场相互作用的动态过程。首先，政策支持和确保资金投入。目前美国私人企业每年用于员工培训的经费可与全美的高等教育经费相抗衡。为了方便成人继续学习，将社会资源整合起来，美国政府决定由联邦政府资助，由地方、社区学校和民间组织共同投资组建了200 多个"21 世纪社区教育中心"。政策的大力支持和资金大量的投入成为美国继续教育飞速发展的根本保障。其次，法律保障与支持。为了促进终身学习的推广，美国在财政资助上还设有各种助学金，如佩尔奖学金、帕金斯贷款、联邦直接贷款等，这一做法使更多处境不利的人群参加继续学习活动。再次，鼓励商业投资继续教育。美国政府积极鼓励和支持企业和个人举办营利性质的继续教育培训。美国政府为了构建"学习之国"，积极支持企业把新技术运用到继续教育领域，在企业技术创新、技术开发和信息传播方面提供便利。最后，大力发展社区教育，注重教育的普及性，美国的继续教育形式依据办学部门的不同，可分为高等学校设立的继续教育，部门、工厂、银行等大企业及机关部门组织的对本单位工作人员的继续教育，美国的行业协会，如律师协会、工程师教育协会、医学继续教育协会等组织的面向本行业的继续教育。

总之，美国政府在政策和经费投入方面的大力支持、完善的法律保障、引进商业投资、兴办教育、大力发展社区教育等措施，不仅解决了大批劳动者的教育和就业问题，普遍提高了国民素质，而且形成了上通下达的人才竞争发展机制，有利于促进社会健康、稳定地发展。

（二）德国

德国经济的快速发展得益于其注重人力资源开发和继续教育，培养了高素质、高水平的职业队伍，使得德国产品具有很高的信誉和质量。目前，发达国家中劳动时间最短的国家就是德国，工作效率非常高，这是因为德国具有先进的科学技术和高素质的劳动者。当然，这离不开德国对继续教育的重视，对职业培训和学历教育完成后的再教育，在世界上也是非常有特点的。德国的继续教育分很多种，包括为获得职业资格证书的职业教育、为工人提高技能的专业教育、大学毕业生再教育的学术型教育等。因此，德国的继续教育在整个国民经济中起着十分重要的作用。为适应市场经济下竞争激烈的要求，德国把理论与实践、学校和企业结合起来，以企业操作为主。全国上下形成了全民培训意识，即不经过培训不能上岗工作。

在德国，无论是政府还是社团和企业都十分重视继续教育，他们认为继续教育是对未来的投资，是在竞争中取胜的资本。德国将继续教育看作经济发展的支柱，为参与继续教育的管理人员提供资金支持。近年来，德国政府对继续教育投入的资金逐年提高，大力发展各种各样的培训机构，不断完善继续教育的培训体系。企业内部一般都设有职业培训部，结束后还要进行严格的考核。此外，为了适应各种升职培训和进修需要，开展各种讲座和培训班。

（三）法国

高等教育制度分为公立和私立两种学校，公立学校一律免费，只需支付一定的注册费。法国的高等教育历史悠久，现有80余所大学和300多所专业高校和研究中心。十分发达的教育体制使法国的高等教育质量得以保证。由于科技和经济社会的发展，仅靠学校的一次性学习，已不能适应市场竞争的需要。20世纪60年代，继续教育开始在法国发展，并逐渐发展到社会的各个领域。法国颁布了几个有关职业技术教育的法律，促进了成人职业继续教育的发展。法国法律上规定企业培训费用占工资的1.2%。实际上技术密集型企业，如汽车工业、石油开采、航天部门和保险行业的培训费用已达到工资总额的10%。

法国进行继续教育的方式也有很多种，和大多数国家一样，法国也会成立很多培训机构和培训中心，有国家设立的也有高等院校设立的。与我国继续教育不同的是，法国的企业、工商协会也会设立培训中心，并且重视教育质量和经济效益。法国培训机构会以公开招标的方式获得培训任务，并且落实到合同上。法国政府在继续教育方面支付的经费约为全国普通教育经费的1/4。

（四）英国

英国的教育专门由教育及科学部管辖，全国共分为105个地方教育委员会，分别提供区内的学校、学院和其他有关教育服务。英国把已离校的各种教育培训称为继续教育。其对象包括工程师、教师、医生、企业管理人员和农业科技人员等。

英国是联合国教科文组织、经济合作及发展组织的成员，在继续教育的开展上，代表了欧洲的先进国家。1997年，英国成立了"全国继续教育与终生学习咨询小组"，并出版发表了第一份题为《二十一世纪的学习》的报告，报告分析了未来五年终身学习的发展趋势、终身学习的发展前景，以及实践人人终生学习的做法。1999年5月，全国继续教育与终生学习咨询小组出版了第二份报告《创造学习文化——实现学习时代的下一步》。该报告涉及终身学习与奖赏制度、学习文化的塑造、终身学习的主要方案以及监视其进展与绩效等，对英国政府在终身学习的推广上有直接的咨询指导作用。1998年，英国的一份有关继续教育的计划中提到，除了为广大人民提供接受继续教育的机会外，政府在1999年还额外为80万继续教育学习者提供总额为1亿英镑的资金资助，同年基本技能委员会、国家成人和继续教育机构投资55万英镑支持社区开展继续教育。

英国在继续教育方面，首先，制定完善的继续教育制度。职业教育、正规的成人教育、社交和娱乐教育是英国的三大继续教育领域。学生可以自主选择学习形式，毕业的学生可通过参加考试获得各种证书和文凭。其次，开放办学以增加教育途径。英国的继续教育形式很多，有大量的广播电视教育，有地方开设的教育中心和民间团体举办的单科讲座和学期讲座。以独特的形式为英国的继续教育开辟了新途径，旨在向全社会开放高等教育，以增加教育途径。

英国开放大学的特点是开放、灵活和严谨。开放性表现在：不受学历限制，不受年龄限制，面向全社会各行各业招生，面向国际。灵活性是由开放性的特点所决定的。为保证教学质量，学校采取了函授制和导师制相结合的教育形式，力图照顾到每一个学生，同时设置各类专业，让学生在课程设置、学分制、教学环节等方面灵活选择，以保证教学质量的严谨性，表现为宽进严出的高淘汰率。

（五）日本

日本实行义务教育，在子女满6岁后的第一学期至满15岁时的学年期间，监护人有义务送其到学校去学习。日本大学有四类：大学、短期大学、高等专科学校和专修学校。日本国土面积狭小，自然资源匮乏，但却成为经济大国，其奥秘就是日本重视教育、重视开发本国的人力资源，日本经济的迅速崛起与继续教育密不可分。

"二战"结束后，日本国内百废待兴，但日本政府认识到教育是日本经济发展的根本动力，因此，选择了优先发展教育。日本学校教育的任务是培养国民的基本素质，由四个阶段组成：小学、初中、高中和高等教育，统一由文部省管辖。而职业培训是对已就业或尚未就业的人员进行职业能力的培训，由劳动省统一管辖。此外，还有一种社会教育是对学校教育和职业教育的补充，主要通过图书馆、博物馆、电视广播等开展教育。终身教育的观念传入日本比较早，但是日本终身教育体系是在1979年终身教育学会成立之后建立的。20世纪80年代初，终身教育审议会咨询报告首次明确规定日本教育将以终身教育为指导方针。

从日本的发展过程看，日本靠科技发展经济。经济发展离不开教育，尤其是继续教育。1987年日本开始进行教育改革，涉及面广，并针对日本教育中封闭性、划一性等根深蒂固的弊端，改变了过去以学校教育为中心、偏重学历的思想观念。日本各项法律、法规的颁布，从法律层面稳定了终身教育，使日本逐渐从"学历社会"向"终身学习化社会"转变，使人们在自己一生中都能够有机会学习，并能够得到社会承认的学习成果。这些都充分体现了日本政府对继续教育的重视。

日本在继续教育方面取得了很多成果，而且建立了有日本特色的继续教育体系，发展终身教育。其主要表现在三个方面。一是转变了偏重学历的思想观念，强调终身教育的教育思想。强调人从出生到死亡是一个不断接受教育的过程，这整个教育过程中涉及家庭、学校、社会等方方面面。在日本家庭教育中，母亲的作用极其重要，为此，日本强化了家庭教育的作用，并加强了对妇女的教育。二是确立专修学校制度，加强职业培训，主要针对学生从事的职业或者是实际生产中需要的能力进行培养，提高学生的独创精神和创造能力。三是向全社会开放高等教育，提高全民素质。总之，日本的继续教育体系是高效率、多元化、多层次的继续教育网络。

（六）韩国

由于韩国地域狭窄，自然资源奇缺，他们认识到人力是社会与经济发展的资本，从而把教育作为立国之本。韩国在经济发展的关键时期特别重视教育事业的发展和人才培养，注重继续教育的投资和各类人力的储备，从而为其社会、经济、文化的发展，尤其是为经济的腾飞提供了大批专门科学技术人才，较好地满足了国内发展大批知识劳动力的需求。韩国从重视经济振兴开始实施人才第一战略，由政府出面加强科技投入和科技人员培养。从1991年到2001年，政府每年按国民生产总值递增0.1%的速度增加教育经费，促进科技人才成长。

继续教育是现代化生产对在职人员提出的新要求。现代企业从产业工人到白领都有必要通过继续教育提高生产技能和管理水平。韩国从劳动密集型的经济生产阶段转向技术知识密集型阶段，建立了一批大型的现代企业。为了提高在职职工的理论技术，提高生产效率，保持较高经济效益，韩国企业（如大宇、三星）非常重视企业人员的继续教育。例如，三星企业首创了企业独资兴办员工培训进修院校及研究生院的教育制度，反映了现代企业发展对高层人才的不竭需求。

三、我国继续教育发展的基本情况

（一）我国继续教育的发展历程

1. 继续教育萌芽阶段

我国继续教育起步较晚，20世纪70年代末，继续教育的概念被引入国内，逐步被借鉴和吸收。最初，继续教育是包含在成人高等教育中，特指大学及大学后的继续教育，是成人教育的高层次部分。我国与世界发达国家相比，继续教育起步较晚，但随着科技、经济、社会的发展，近20年来，继续教育在我国有了很快的发展。我国的继续教育发展经历了以下五个阶段。

①继续教育的产生和发展。1979年，我国派代表出席在墨西哥举办的世界继续工程教育大会，继续教育的概念被引进，并被逐步传播。1986年4月，第六届全国人民代表大会第四次会议关于"七五"规划的报告中明确指出要建立和完善科技人才的继续教育制度，这是我国第一次将继续教育列入政府工作的范围。在此之后，我国继续教育逐渐兴起。

②函授教育、夜大学（业余）教育迅速恢复。新中国成立初期，一大批工农干部走上社会主义建设领导岗位，为了使他们能够适应新的工作需要，1950年中国人民大学最早开办了马列主义夜大学和夜校，成为我国成人高等教育的主要形式。随着国家实施改革开放，普通高等学校函授、夜大学教育以及独立设置成人高校相继恢复和发展，满足社会对人才的需求。

③独立设置成人高校开展学历补偿教育。独立设置成人高等学校是由不同办学主体单位举办的，主要以成人高等教育为主，具有独立法人资质的办学机构。例如，职工高等学校、管理干部学院、教育学院等。

④高等教育自学考试。高等教育自学考试制度是对广大自学者进行以学历认定为主的高等教育和中等专业国家考试，是个人自学、社会助学、国家考试相结合的新型教育形式。

⑤职工教育积极开展"双补"和岗位培训。这是为适应经济社会发展的需要，迅速提高广大职工的整体素质而开展的继续教育。

新中国成立前我国无论是政治、经济、科技水平均落后于发达国家，继续教育工作没有被公开明确地提出过科学内涵，也没有能够及时地加以总结、使之理论化、科学化、制度化，形成系统理论。党和政府提出实现四个现代化的宏伟目标，邓小平同志阐述了"科学技术是第一生产力"这一马克思主义观点，使得全社会崇尚科学、尊重教育蔚然成风，1984年中国继续教育协会的成立，极大地促进了我国继续教育事业的发展，中国继续教育事业掀开了崭新的一页。

2. 继续教育调整改革

进入21世纪，我国社会经济转型，社会变革进入重要战略期和政策调整期，进一步提出了建设人力资源强国的要求，这也赋予我国继续教育事业新的使命和要求。人们对高质量、多样化的高等教育的需求日益增加，高等教育开始面向大众，继续教育国际竞争日益激烈，继续教育发展的机遇和挑战并存。伴随高等教育大众化战略的推进，全国高校进行了新一轮布局调整，普通高校招生规模不断扩大，入学门槛不断降低，适龄人群接受高等教育的机会逐渐增加，高等教育实现了新的跨越，同时也对继续教育形成了冲击和挑战。相对于普通高等教育的扩张发展，继续教育陷入了"发展瓶颈"，迫切需要转变观念、科学定位，从以学历教育为主向非学历教育转型，从大规模外延扩展向提高质量内涵发展转变。面对新的形势和任务，继续教育的内涵、目标、模式和运行机制发生深刻变化，国家对成人教育和继续教育政策及时进行了调整。

普通高校逐渐成为开展学历继续教育的主力军，改革开放以来，我国成人高等教育办学形式从"七分天下"逐步变为两大阵营，包括普通高校成人高等教育和独立设置的成人高等学校。两类办学平分秋色，保持相对稳定的格局。但是，进入21世纪，我国开始改革高等教育体制，导致部分成人高等学校（主要包括职工高校、农民高校、管理干部学院、教育学院、函授学院、国家开放大学及其他机构等）逐年减缩。对独立设置的成人高校进行调整撤并，旨在通过深化改革，促进其转型和创新发展。

中央广播电视大学（现为国家开放大学）成为开展继续教育的重要力量，办学网络覆盖全国城乡。电大教育充分应用现代化远程教学手段，多层次、多规格、多功能办学，开展以高等教育为基础的学历教育和各种非学历教育培训，为提高从业人员和国民素质提供各种教育服务。电大坚持面向农村、面向基层、面向行业、面向边区和少数民族地区办学，特别是关注特定的人群，包括弱势群体。

高等教育自学考试改革中探索新路，从2001年到2010年，特别是以全国高等教育自学考试指导委员会五届二次会议的召开为标志，以学历教育为基础，大力发展非学历证书教育，培养职业型和技能型人才。高等教育自学考试制度为我国公民提供了平等接受高等教育的机会，鼓励公民自学成才，在构建具有中国特色的终身教育体系中发挥着重要的作用。

行业企业积极参与合作开展继续教育，我国行业（企业）培训机构主要有三类：行业企业内部培训机构、各类社会培训机构、为企业提供培训服务的各类院校。行业企业继续教育以职工的岗位培训为主，主要由岗位技能培训、适应性培训、资格培训、技术等级培训、安全技术培训和为获取学历而进行的继续教育等多种类型构成。

随着继续教育开始被提到了党和国家的议事日程，继续教育广泛开展经验交流、理论研讨并逐步建立各项法规，我国继续教育工作有了初步进展，通过广泛沟通与国际联系，宣传我国继续教育的情况，提高了我国继续教育的声望，对提高我国继续教育水平起到了一定作用。20世纪90年代以后我国继续教育进入稳步发展的阶段，1989年，我国成功地组织了第四次世界继续教育工程教育大会。之后我国与国际继续教育联系紧密，1999年4月，"联合国教科文组织继续工程教育中国教席"成立大会，暨揭牌仪式在清华大学举行，这是中国工程继续教育走向世界的重要标志。

3. 继续教育转型创新

2010年，我国提出了长期教育改革和发展的方向，明确指出：到2020年，我国基本实现现代化教育，建设成学习型社会，进入人力资源强国行列的奋斗目标。就此而言，继续教育肩负着重要的历史使命，面临着转型发展的更高要求，其主要发展目标有以下几个。

（1）建立和完善终身教育体系

学校教育和继续教育共同组成终身教育体系。努力发展学历继续教育，大力发展非学历教育，面向大众提供继续学习的机会。促进各种教育之间的衔接和沟通，互相补充、互相促进。

（2）大幅提升继续教育参与率

发展多途径、多样化的继续教育，在各行各业中开展继续教育，动员和鼓励更多的在职人员参与到继续教育中来，全面提升从业人员的技能水平。努力使不同行业、不同地区的群体都能得到继续教育的机会。

（3）健全继续教育保障机制

进一步完善与继续教育相关的法律法规，协调不同部门之间的继续教育，建立起适合继续教育的鼓励机制和评价体系。为了促进继续教育的持续发展，加大对继续教育的经费投入，建立起有效的保障机制。

（4）着力提高继续教育质量

教育质量是办学的关键，继续教育是开放性的大学，建立完善的学习制度，提高继续教育的教育质量非常重要。对继续教育的改革，包括完善高等教育自学考试制度、建立继续教育学分积累制、改变教学模式等内容。通过提高继续教育的针对性、实效性以及服务发展的能力，来实现不同类型学习成果的认证、积累和转换，进一步提高继续教育的教学质量。

（二）我国继续教育的工作体系

我国政府十分重视继续教育工作，把它作为实现科教兴国和可持续发展战略的重要措施以及提高科技、人才在国民经济增长中所占比例的重要手段。我国的继续教育工作在政府部门、学术性团体组织的密切配合和大学、企业、科研院所的相互合作，以及继续工程教育协会专业工作委员会和团体、个人会员等各方面的共同努力下，积极开展各项活动，使我国的继续教育形成较为完整而有效的工作体系。

1. 政府部门纵向指导统一管理

继续教育工作由国家人事部统一管理和指导，此外，继续教育的管理机构在各地区、部门均有设立，主要负责制定相关的规划和法规，对本地区、本部门的继续教育工作进行协调和指导。各基层事业单位除了接受上级部门的统一指导和管理外，还可以自主组织相关的各类活动。近年来，我国的继续教育事业发展已经建立起了统一的管理和运行机制。

2. 社会团体横向联合密切配合

各级继续教育协会是从事继续教育的社会团体，它将致力于继续教育工作和热心于继续教育的团体和个人横向联合起来，推动继续教育工作的开展。多年来，社会团体在宣传启蒙、学术研究、总结经验、组织活动、培训人才、推动生产等方面做了大量工作，并且取得了显著成效，成为政府部门和继续教育之间的桥梁，有着不可替代的作用。各级继续教育协会与管理部门、学术团体、科研机构等广泛合作，吸收科技专家、管理人员、技术人员、继续教育积极分子成为会员，搭建起有活力、有影响的继续教育网络，并利用这一网络全面推动继续教育的发展。由于其在经济建设服务方面做出了积极、有效的贡献，不但社会越来越重视，而且在国内外有着广泛影响和良好声誉。例如，中国继续工程教育协会、中国高技术产业继续教育协会、北京继续教育协会。

第三节 继续教育的功能作用

一、继续教育是促进社会进步和经济繁荣的不竭动力

21世纪后我们步入知识经济时代，知识不仅是人类进步的阶梯，也是推动社会发展的主要力量。因此，教育的发展、科学的进步、知识的创新直接影响着国家的综合国力和国际竞争力。21世纪是信息化时代，是信息网络时代，信息化的发展影响了人们工作、生活、学习方式的同时，给生产领域带来了史无前例的变革。21世纪是全球化的时代，人们的观念发生转变，重视人的发展，全面提升人的素质，使人成为时代最强音。21世纪是可持续发展的时代，人们不但重视人与自然、环境之间的和谐发展，也重视自身的发展，不断开发人的潜能。

放眼世界，无论是知识经济的兴起，还是信息技术的普及，无论是经济全球化的实现，还是社会的可持续发展，都离不开社会成员素质的不断提高，这也就是说时代的发展对教育的发展提出了更高的要求。而继续教育在提高国民素质、国际竞争力、促进社会全面进步方面具有独特优势，发挥着独特功能。

（一）继续教育是国家创新体系的组成部分

21世纪，生产领域面临的最大竞争是科技的垄断和反垄断。无论是国家的

生存还是民族的发展,都离不开创新。市场竞争日益激烈,企业要生存、要发展,就必须不断地进行创新。同理,个人要想保持就业能力,不断发展,也要具备创新能力。所谓创新,就是要创造性地将科学技术转化为生产力。国家和企业的综合竞争力表现在企业和国家将知识产权转到生产化、产品化的轨道,并尽量将转化周期缩短。目前,我国的创新能力尚不能满足国家发展的需要,而且与发达国家相比仍有较大差距。因此,我国必须尽快建立国家创新体系,企业、高校、科研结构相结合,而继续教育恰好就是这三者的结合点。

一般来说,新科技、新生产力的来源有两个途径。一是由高校骨干和科研机构人员研究开发取得的科研成果,在继续教育过程中,将新的研究成果讲给在职人员听,研究人员可以进一步完善科研成果,在职人员可以将理论运用到实践中去。就这样,由企业进行验证和试验,将新科技、新知识转化为新生产力,再由教师和研究人员传播出去。二是引进国外的新科技和新生产力,但是当今世界,国际竞争十分激烈,国外不轻易将新科技、新生产力转给我们。因此,可以说,继续教育是知识经济时代国家创新体系的有机组成部分,是提升国家综合竞争力的有效途径。没有继续教育的参与,国家创新体系将不可能完善。

(二)继续教育是企业经久不衰的竞争力的来源

人们一般认为,企业产品的质量、种类、规格、售后服务都是企业的竞争力。但是我们要知道,上面的每一项都取决于人,因此,我们说企业的竞争力取决于人的竞争力。企业一般会通过投资人、财、物、技术和信息来提高企业的竞争力,其中对人的投资是最重要的,也是这五项投资中回报率最大的。根据美国经济学家的计算,企业提高竞争力,40%可以通过购进新设备、厂房、雇佣技术工人来实现,而剩余的60%,则必须通过教育才能发挥出来。因此,知识经济时代,人才是提高企业竞争力的关键,而继续教育是提高人才效益的关键,企业必须重视继续教育的作用,全面开展继续教育工作。

(三)继续教育具有独特的文化功能

在我国浓厚的科技、经济氛围中酝酿发展的继续教育,既具有科技、经济功能,也具有文化积累和文化变迁的文化功能。其具体体现在以下两方面。①继续教育在文化积累中的功能。所谓文化积累,指的是保存旧文化和引进新文化的过程。继续教育在文化积累方面,更重要的是产生、传播新文化。②继续教育在文化变迁中的功能。所谓文化变迁,指的是新文化结构产生的飞跃过程。研究表明,新文化结构的形成主要有两种因素:一是人,具有文化创造精神的人；二是文化渗透，两种或两种以上的文化之间的渗透。实践证明，现代继续教育是文化接触和交流的"首先窗口"，是引入异质文化的主要渠道。与此同时，继续教育在文化接触和交流的文化氛围中，培养具有"文化杂交优势"的人才，从而引导和推动文化变迁，产生新的文化。

二、继续教育有助于促进国民整体素质的提高

继续教育的作用和功效，除了促进科技进步和社会发展，还有一个内部功能，主要反映为对教育对象的成长所起的作用和功效，即促进成人向高层次发展，培养全面、和谐发展的人。其主要体现在以下几个方面。

（一）取得创造性成果的基础性条件

成人提高智力素质、增强智能结构的主要效途径就是进行继续教育。继续教育是成人大学后形成创造力的基础。创造力决定一个人的创造活动成功与否，也决定着一个人能否成才。在取得创造力的过程中，基础是知识，中间环节是智力。因此，形成和发展创造力的重要原材料就是知识和智力。也就是说，丰富且扎实的知识基础、基础能力以及熟练掌握各种技能，才能形成较强的创造力。近年来，我国大力发展"补充型"的继续教育，就是为了弥补人们智能结构的缺陷。而且事实证明，这种类型的继续教育能够促进人们形成创造力。

现在社会发展迅速，科学技术日新月异，随着时间的推移，人们在大学期间掌握的知识正在老化和消退。现在知识更新的速度很快，知识的老化周期逐渐缩短，甚至在某些领域，知识的半衰期已经缩短到5年以下。这也就是说，人们在高等院校学到的知识，在5年之后，甚至更短的时间内就会落后，这就会影响人们创造力的形成。因此，人们需要不断地进行继续教育，不断地更新知识，弥补智能缺陷，完善智能结构。

（二）保持和发展创造能力的有力措施

现代科技发展的整体趋势是高度分化和高度组合，这也是现代科技发展的特点。越来越多的边缘学科发展起来、综合性学科不断出现以及横断学科的诞生等，都是现代科技发展的表现，也是知识经济时代多结构性、综合性的特点。因此，面对飞速发展的科学技术和整体化的发展趋势，如果一个人的知识还仅仅是在学校中掌握的陈旧知识，那就难以适应现代科技的发展，也不能保持和发展创造能力。因此，大学后人员的智能既要更新，又要改组。而建立在

终身教育理念基础上的继续教育成为大学后人员保持和发展创造力必不可少的基本条件。人们通过参与继续教育，不断吸收和掌握新知识、新技术、新科技，保持自身创造力，防止知识老化，延长他们的科学创造最佳时期。

（三）造就全面发展的人

1. 继续教育可使大学后成人形成较佳智能结构

继续教育不但可以帮助人们提高本专业领域的技能水平，还可以使人们具有从一个领域转到另一个领域的能力，也就是说能够帮助人们完成并适应科研项目或者是工作岗位的转变，从而在更多领域中为社会、为人类做出贡献。同时，继续教育也会打破人在职业分工中的局限性，是培养一专多能型人才的重要途径。在今后的发展中，拥有多种技能的人将会逐渐代替只有一种技能的人。

2. 继续教育可促进大学后成人逐步体脑结合

按需施教、学用结合是继续教育教学的根本原则。在继续教育的教学过程中，必须结合生产和科学实验，实行学用一致，使处于生产、科研第一线的人员既有理论知识又有实践知识和实践经验。

3. 继续教育将弘扬科学精神

对于从"继续工程教育"发展而来的继续教育，人们往往关注其经济功能、政治功能和科技功能，忽视了继续教育提升人文素质方面的功能。事实上，继续教育中不仅人文学科具有人文教育功能，其他学科也都具有人文教育的功能，主要表现在以下两方面。

第一方面，继续教育使人需要受教育的需求进一步得到满足。继续教育是建立在终身教育理论基础上的一种新型的教育形式。在前联合国教科文组织终身教育科长，法国成人教育专家保罗·朗格朗看来，"终身教育，其原理之一就是强调发展的综合统一性，终身教育的目的就是要把这些教育训练各不相同的形态协调起来"。可见，终身教育就是一切教育的统一综合。而继续教育作为大学后人员终身教育的实现方式，其先进性体现在给了人一个需要不断完善，人的发展本质没有止境的承诺，同时，给人的不断发展提供了无限延伸的接引"驿站"。靠继续教育这一个"驿站"，人的价值和生命的意义，要在不断探索、创新和超越的前进过程中实现。如果说奠基式的教育是基础教育，一次性教育是普通高等教育，定向型的教育是职业教育，那么，开放性的教育就是继续教育。继续教育可以不断对人进行更新、完善，不断地开发、释放人的潜力，提高人的生命质量，实现生命的意义。因此，新兴的继续教育形式兴起之后，就会迅速在全球范围内大规模发展。这也从一个侧面说明了继续教育的人文魅力所在。

第二方面，继续教育通过传播最新科技信息和科学教育，还会激活、强化、重塑生存意义的科学价值观，弘扬科学精神。什么是科学？进行科学研究的目的是什么？人们进行科学研究是为了改造和利用自然来获取财富，除此之外，还体现了人们对知识、真理的追求和渴望。因此，对人们进行科学教育，提升人的素质，是一种人文资源，有很高的精神价值。科学精神的渗透，可以填充空虚的精神空间、可以扶正失落的灵魂、疏导粗鄙的文化情结、开拓昂扬奋进的风采。继续教育能为当代文化注入一脉探寻科学真理的魂魄。"以科学的思想武装人"，继续教育应该有所作为，而且可以大有所为。

（四）继续教育更好地满足了受教育者的需求

继续教育的提供方式，能够更好地满足受教育者的需求。现在信息技术十分发达，继续教育也发展出了现代远程教育的形式，为人民提供了更方便、更快捷的学习方式。从最开始的广播、电视、网络课程的运用，到现在互联网、数字卫星网等远程教学和管理平台的建立，从而为广大社会成员接受教育提供了更多的选择机会和更快捷的学习方式。

（五）继续教育推动了学习型社会的建设

建立学习型社会，就是用学习贯穿人的一生，建立一个终身学习的社会。经研究发现，人在大学所学到的知识和技能只能占到一生所需的10%，剩下的90%的就要依靠继续教育来获得。此外，学习型社会面向的是全部社会成员，每个人都要不断地学习，继续教育要服务于每个人，使其掌握新知识、新技能，培养其创新创造的能力，提高综合素质。继续教育的充分发展可以为不同年龄段的人提供不同的学习方式，以及必要的知识和技能。

总之，继续教育作为我国公民的一项基本权利，面向全体公民，为他们提供了更多的学习机会。继续教育的发展不仅促进了广大社会成员科学文化素养、知识与技能水平的提高，而且丰富了社会成员的精神生活。同时，缓解了社会对学习需求的增长与教育资源相对不足的矛盾，对促进我国经济体制转型和产业结构、技术结构的调整与升级，提高我国劳动生产力，保障经济持续快速增长，推动社会进步，建设"更高水平的小康社会"和"学习型社会"做出了重要贡献。

第二章　我国高校继续教育的现状

随着社会的不断发展，近些年我国正面临着如何对转型期成人教育进行改革、如何面对新的挑战机遇等问题，这些问题也引起了我国广大学者的关注。本章分为学历继续教育的发展现状、非学历继续教育的发展现状、继续教育信息化建设的现状、高校继续教育领域的研究热点以及继续教育发展中存在的问题五部分，主要内容包括高校继续教育现状概述、学历教育发展现状、研究过程设计等方面。

第一节　学历继续教育的发展现状

一、高校继续教育现状概述

党的十九大报告提出"办好继续教育、加快建设学习型社会，大力提高国民素质"，教育部职成司的 2018 年工作要点明确要求：深化产教融合、校企合作，办好继续教育，并提出积极推进各类院校面向行业企业开展职工继续教育。继续教育作为终身教育体系的重要组成部分，是提高国民科技文化素质和就业、创业、创新能力的重要途径，在推动我国迈入人力资源强国和人才强国行列过程中发挥着重要作用。

高校继续教育是国家人才培养的重要组成部分，是建设学习型社会、大力提高国民素质的重要支撑。在简政放权、放管结合、优化服务的背景下，开展高校继续教育发展年度报告工作是逐步完善高校继续教育质量保障制度、全面提高继续教育人才培养质量的重要举措；是强化高校办学主体责任，推进信息公开，回应社会关切，接受社会监督的重要体现；是加强教育行政部门事中事后监管和服务，提高科学决策水平的有效手段；是宣传展示高校继续教育办学理念、办学成果、办学特色，在全社会营造全民学习、终身学习良好氛围的重要途径。

我国普通高校开展的继续教育主要是面向成人高中后和大学后各种形式和类型的高等学历和非学历继续教育。改革开放40多年来，高校学历继续教育为广大社会成员提供了多渠道接受高等教育的机会，为国家现代化建设培养了大批急需的专门人才，在国家经济建设、科技进步和社会发展中发挥了重要作用。总体来看，近年来普通高校学历继续教育持续保持稳定发展，远程继续教育不断改革探索、扩大规模，高等教育自学考试积极发展、稳中求进。

二、学历教育发展概述

（一）学历教育发展内涵

《中国继续教育发展报告》中也提到，在国家相关成人教育政策的引导下，随着生源市场需求的变化，成人高等学历教育已经逐渐由学历补偿教育为主，注重办学规模的外延式发展向调整办学结构、多元并进，注重教育质量和办学效益的内涵式发展过渡。普通高校在成人高等教育招生中所占比例越来越大，一家独领风骚的局面已经形成，高校成为新时期开展成人高等学历教育的主力军。

为了更好地促进学历继续教育内涵式发展，国家和地方各级政府积极出台各种教育政策进行引导与支持的同时，高校更应该注重"底层设计"，从自身做起进行更多的改革，因为学历教育是高校继续教育的立身之本，是高校服务社会的重要之地，而目前高校学历继续教育的社会声誉已大为降低，大众对其认可度和满意度几乎处于历史的最低。学历继续教育内涵式发展，是高校义不容辞的义务，也是社会赋予高校的责任。只有将学历继续教育真正纳入人才培养体系，像培养在校本科生和研究生那样重视，在办学理念、课程建设、师资队伍建设、教学设计、教学管理、教学评价等方面做更多的改革与研究；注重提升高校继续教育社会效益的比重，降低经济效益的比重，保证高校学历继续教育办学经费投入实际办学中去，学费不被挪作他用，教学质量才会有实质性的提高，高校继续教育办学才能实现可持续发展。

（二）学历教育发展现状

1. 发展现状

我国普通的高校继续教育主要分为两种：学历教育和非学历教育。其中，学历教育主要包括函授教育、脱产班、夜间大学等形式，以此为形式的成人教育集中在高校，另外还有部分学校开展了在职研究生教育。

大多数的成人高等教育到目前为止仍然主要依托高校展开，随着网络的不断普及，网络教育已经形成了一定的规模，成了重要的办学形式，成人教育也在逐渐朝着网络学习中心靠拢。

2. 学历教育改革

2016年底，教育部发布《高等学历继续教育专业设置管理办法》（下称《管理办法》）。一石激起千层浪，关于学历教育的重大改革引起了广泛的热议，《管理办法》要求对现设的本、专科专业进行梳理、调整和规范，明年起，普通高等学校将不再举办本校全日制教育专业范围外的学历继续教育，新入学的学生全部按照新目录内专业进行招生。2017年就此成为学历继续教育改革前过渡的一年。自2018年起，普通高等学校将不再举办本校全日制教育专业范围外的学历继续教育，没有举办全日制专科层次教育的普通本科高校，不再举办专科层次的学历继续教育。

北京市教委在2018年11月份，下发《2018年北京市属高等学校成人高等教育招生计划的通知》，确定2018年市属高等学校成人高等学历教育招生计划总数为22255人，其中本科招生计划12617人、高职（专科）招生计划9638人。

高校要加强对本地区、本行业成人高等教育需求分析预测，严格执行脱产、业余、函授等学习形式的有关规定；按照"不再扩大普通高等学校成人教育、网络教育、自考助学的面授教育规模"的要求，严格控制招生规模，优化招生专业结构，提高办学质量和水平。同时，要积极发展各种形式的非学历教育，特别是大学后继续教育和高层次岗位培训。

独立设置的成人高校要根据首都经济建设与社会发展的实际需要和本校办学条件，加快调整成人高等教育学科、专业结构，不断提高成人学历教育的培养质量。同时，积极探索社会培训等各种形式的非学历继续教育，不断拓宽为社会教育服务的渠道。

普通高校举办成人高等学历教育，应与学校举办的研究生、普通本专科等教育事业发展相协调，统筹安排、综合利用学校各项办学条件，确保必要的办学条件，特别是专任教师的数量和质量。普通高校不得安排脱产形式招生计划。加大对高校办学条件的监测和审核力度，对基本办学条件达不到规定要求的学校，将在高等教育计划安排等方面给予适当限制，并通过媒体向社会公布。同时还将加强事前、事中、事后监管，对报名、考试、录取全过程监督，重点查处成人高校虚假宣传、违规承诺、通过减少培养环节降低培养成本进行生源竞争等行为。

第二节　非学历继续教育的发展现状

　　普通高校非学历继续教育主要包括研究生课程进修班、自考助学班、普通预科班、进修及各种企事业培训等，其中自考助学班、资格与岗位证书培训结业生的注册生人数所占比例较大。总体来看，近年来，高校非学历继续教育发展提速，培训规模和质量喜忧参半；面向社区开展继续教育方兴未艾，从实验转向深入推进；各类技能型、证书类培训吸引力有所增强，但培训参与率还有待提高。

　　从2004年开始，我国相关教育部门越来越重视非学历继续教育的发展，一些普通高校也开始重视对继续教育的发展。据教育部官方网站统计数据，2004年高校结业生人数为318.40万人，2012年的毕业生人数是2004年的2.4倍，占所有毕业生总人数的12.3%，2017年的毕业生人数达到了980.84万人；另外，2004年高校注册生人数为242.74万人，2012年的学生注册生人数是2004年的1.6倍，占总注册人数的7.4%，到2017年，注册生人数达927.37万人。我们可以看出，非学历教育正在全方面地飞速发展，其热度正在持续升温，规模在不断地扩大。

　　非学历培训主要由高等教育培训、中等职业教育培训两部分构成。近年来，中等职业教育培训人数明显下降，培训量不足，虽然高校非学历培训数量保持增长，但因其所占比例较小，导致非学历教育培训在总结业生数、总注册生数两个指标上都呈缓慢下降趋势。可见，非学历培训市场需求已经逐渐由初级层次培训向高层次培训转移，普通高校在非学历继续教育领域的进一步发展空间很大。

　　通过对高校非学历继续教育办学数据统计分析和相关学术文献的检索可以

看出，非学历继续教育在大多数普通高校方兴未艾，在整个培训市场所占比重太小，仅 10% 左右，随着学习型社会构建和人才强国战略实施的不断深入，高层次培训还有巨大的发展空间，其具有直接服务社会、服务经济的特点，是教育体系中最灵活、最彰显服务意识、最能体现社会效益的办学形式。

面向区域社会经济发展，加强与行业、企业、社区的合作，拓展教育培训新领域，不断扩大培训规模、办学规模和办学领域，培训规模也将成为普通高校服务地方社会经济发展综合能力的重要指标。

目前，高校继续教育的发展现状可以说机遇与挑战并存。一方面，随着人力资源强国战略的出台，国家日益重视继续教育的作用，政策支持力度不断加大；同时，教育信息技术的快速发展推动了继续教育领域的创新，引领了继续教育变革；社会的多元化导致教育需求日益广泛，为继续教育的发展开辟了新的空间，如学习型城市建设、社区教育等。随着社会经济快速发展、知识更新加快，人们继续学习的意愿增强，非学历培训领域的市场空间广阔。另一方面，随着普通高等教育毛入学率的快速增长、适龄入学青年总量减少，学历继续教育市场已经被严重挤压，这对以学历继续教育为主要办学业务的高校是一个严峻挑战；同时，继续教育教学质量有待提高，目前，不论是成人高等教育还是网络教育，教学质量不高已经是不争的事实，大众对其认可度和满意度几乎处于历史的最低点；高校在非学历继续教育领域机制化，经验匮乏，多数学校办学还处于起步阶段，市场化不足；工作生活节奏的加快，传统继续教育模式难以满足新生代学员的学习需求，基于现代教育技术的新型教学模式还没有完全建立。如何抓住历史发展机遇，通过改革积极应对挑战，是每所高校都必须认真思考的问题。

第三节　继续教育信息化建设的现状

一、创新发展模式，大力实施"现代远程教育工程"

1999 年后，我国教育部门先后批准了一批高校进行远程教育试点的工作。通过在全国范围内建设教育试点，一点点将教育传播到广大乡村与不发达地区，如我国西部地区，还将继续教育的种子撒向了各行各业，以及很多企业、部队抑或者残疾特殊团体中。

教育部曾实施过名为"一村一名大学生"的计划,并取得了很大的成就:共招收网络教育学员27.6万人,其中毕业学生高达9.3万人。同时,国家教育部门还喊出了"留得住、用得上"的口号。为了我国部队的建设,提高军队的整体素质,还招收了部队军人,人数高达15.6万人,将优质的教学资源送到祖国的边疆地区,让边防士兵也能够继续学习,用知识武装自己。

二、创新管理模式,不断加强规范管理和质量监控

近年来随着规模的不断扩大,教育部门加大了对高校继续教育的监督与管理力度,尤其是网络方面,更是加大了管理力度,建立了"高等学校网络教育质量监管系统",从而实现了网络教育报考—统考—评估一体化。

自2005年开始,教育部对本科学生逐步实行"网络教育公共基础课程"统一考试,并有超过760万人参加了这次考试。网络发展的速度十分快,到现在,我国网络继续教育已经实现了网上报名—缴费—机考—预约考试—混编机考—网络监控考试。

第四节 高校继续教育领域的研究热点

一、文献统计

近些年,随着高校继续教育领域的不断扩大,有关继续教育方面的各种文献论文也日渐增多,在教学方式、学生的管理办法以及收费管理等方面都有很多的研究,形成了较为丰富的研究成果。

我国高校继续教育领域研究的文献数量整体上呈现出波浪式上升趋势,从1988年开始出现,到1994年越来越多,直到2002年后,各种文献论文数量如同雨后春笋一般大量发表。2013年和2017年的文献数量各较前一年有较大幅度增加。这种增长与国家的政策具有紧密的联系。2012年3月16日,教育部印发《关于全面提高高等教育质量的若干意见》,强调不断提高质量是高等教育的生命线,必须始终贯穿于高等学校人才培养、科学研究、社会服务、文化传承创新各项工作之中;同年还颁布了《国家教育事业发展第十二个五年规划》,以更好地落实《国家中长期教育改革和发展规划纲要(2010—2020年)》。

而 2016 年 11 月，教育部印发了《高等学历继续教育专业设置管理办法》的通知，加强对高等学历继续教育专业设置的统筹规划与宏观管理。这些举措都引起了继续教育学界的高度重视。而任何政策都不可能一出台就立即实施，往往在第二年才显示出影响效果，故 2013 年和 2017 年关于高校继续教育治理的研究数量出现明显增长。这也反映了我国高校继续教育治理研究具有较强的政策导向性，这与整个研究环境和研究习惯息息相关。

二、研究过程设计

（一）确定高频关键词

各种文献论文的增多，一些学者将这些文献的关键词进行了细致的总结，利用专门专业的软件，对这些关键词进行了分析，如表 2-1 所示，这些关键词在一定程度上可以反映出近些年我国研究的热点大概在哪里。

如图 2-1 所示，当前学历继续教育的教育教学质量、管理、发展问题成了成人教育工作者的重点关心问题，从该图中我们可以看到这些词出现的频率，以此看出，成人教育工作者已经开始了这方面的探究。

表 2-1　相关研究文献高频关键词表

序号	关键词	频次	百分比（%）
1	普通高校成人教育	290	9.90
2	成人高等教育	129	4.41
3	普通高校	49	1.67
4	成人教育	45	1.54
5	档案工作	29	0.99
6	成教学院	29	0.99
7	成人高校	22	0.75
8	教学质量	22	0.75
9	成人学员	21	0.72
10	发展	20	0.68

续表

序号	关键词	频次	百分比（%）
11	终身教育	20	0.68
12	学历教育	19	0.65
13	管理	18	0.61
14	教育质量	17	0.58
15	对策	16	0.55
16	教学计划	15	0.51
17	企业教育	15	0.51
18	改革	14	0.48
19	成人教育学	14	0.48
20	成人教育发展	13	0.44
21	教学管理	13	0.44
22	成人教育管理	12	0.41
23	函授教育	11	0.38
24	教学方法	10	0.34
25	非学历教育	10	0.34
26	问题	10	0.34
27	普通高等教育	10	0.34
28	教学内容	9	0.31
29	学籍管理	9	0.31
30	继续教育	9	0.31
31	现代远程教育	9	0.27
32	现状	8	0.27

续表

序号	关键词	频次	百分比（%）
33	联合办学	8	0.27
34	教学改革	8	0.27
35	思想政治教育	8	0.27
36	社区教育	8	0.27

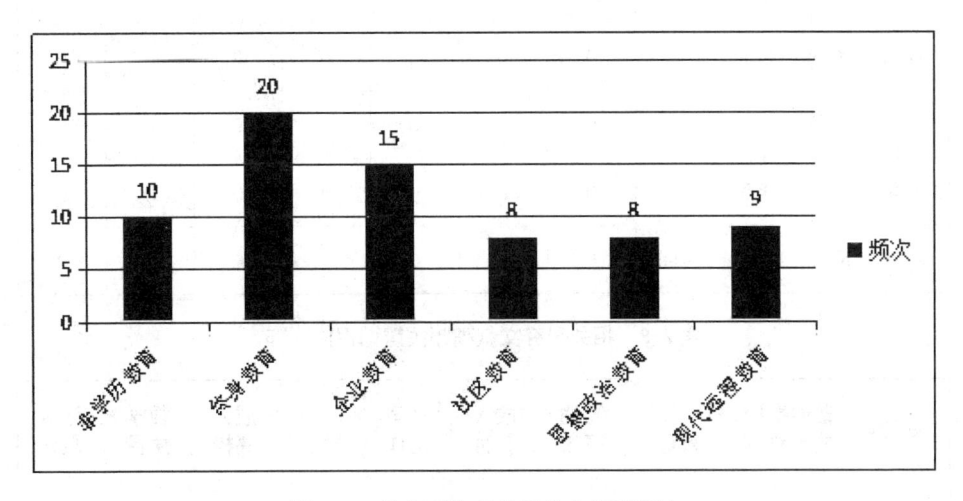

图 2-1　教育工作者关系热点问题频次

（二）构建高频关键词矩阵

如表 2-2 所示为相关研究文献高频关键词词篇矩阵，其中，第一行为大多数文献来源，第一列则是高频关键词。而表 2-3 则是相关文献的高频关键词相似矩阵，表 2-4 则是这些相关文献的相异矩阵。

表 2-2　相关研究文献高频关键词词篇矩阵

关键词	1	2	3	4	5	6	7	8	478
普通高校成人教育	1	1	0	0	1	0	1	0	1

续表

关键词	1	2	3	4	5	6	7	8	478
成人高等教育	0	0	0	0	0	0	0	0	0
普通高校	0	0	0	0	0	1	0	1	0
成人教育	0	0	0	0	0	0	0	0	0
档案工作	0	0	0	0	0	0	0	0	0
成教学院	0	0	0	0	0	0	0	0	0
成人高校	0	0	0	0	0	0	0	0	0
教学质量	0	0	0	0	0	0	0	0	0
社区教育	0	0	0	0	0	0	0	0	0

表 2-3 相关研究文献高频关键词相似矩阵

关键词	普通高校成人教育	成人高等教育	普通高校	成人教育	档案工作	成教学院	成人高校	教学质量	社区教育
普通高校成人教育	1	0.39	0.21	0	0.17	0.29	0.21	0.23	0.12
成人高等教育	0.39	1	0.21	0	0.04	0.17	0.22	0.18	0.04
普通高校	0.21	0.21	1	0.15	0.03	0.11	0.12	0.15	0
成人教育	0	0	0.15	1	0.09	0	0	0.06	0.06
档案工作	0.17	0.04	0.03	0.09	1	0	0.09	0.04	0
成教学院	0.29	0.17	0.11	0	0	1	0.04	0.08	0
成人高校	0.21	0.22	0.12	0	0.09	0.04	1	0	0

续表

关键词	普通高校成人教育	成人高等教育	普通高校	成人教育	档案工作	成教学院	成人高校	教学质量	社区教育
教学质量	0.23	0.18	0.15	0.06	0.04	0.08	0	1	0
社区教育	0.12	0.04	0	0.06	0	0	0	0	1

表2-4 相关研究文献高频关键词相异矩阵

关键词	普通高校成人教育	成人高等教育	普通高校	成人教育	档案工作	成教学院	成人高校	教学质量	社区教育
普通高校成人教育	0	0.61	0.79	1	0.83	0.71	0.79	0.77	0.88
成人高等教育	0.61	0	0.79	1	0.96	0.83	0.78	0.82	0.96
普通高校	0.79	0.79	0	0.85	0.97	0.89	0.88	0.85	1
成人教育	1	1	0.85	0	0.91	1	1	0.94	0.94
档案工作	0.83	0.96	0.97	0.91	0	1	0.91	0.96	1
成教学院	0.71	0.83	0.89	1	1	1	0.96	0.92	1
成人高校	0.79	0.78	0.88	1	0.91	0.96	0	1	1
教学质量	0.77	0.82	0.85	0.94	0.96	0.92	1	0	1
社区教育	0.88	0.96	1	0.94	1	1	1	1	0

基于相异矩阵，使用SPSS19.0对高频关键词进行聚类分析，生成36个高频关键词的共现聚类分析树状图，如图2-2所示。

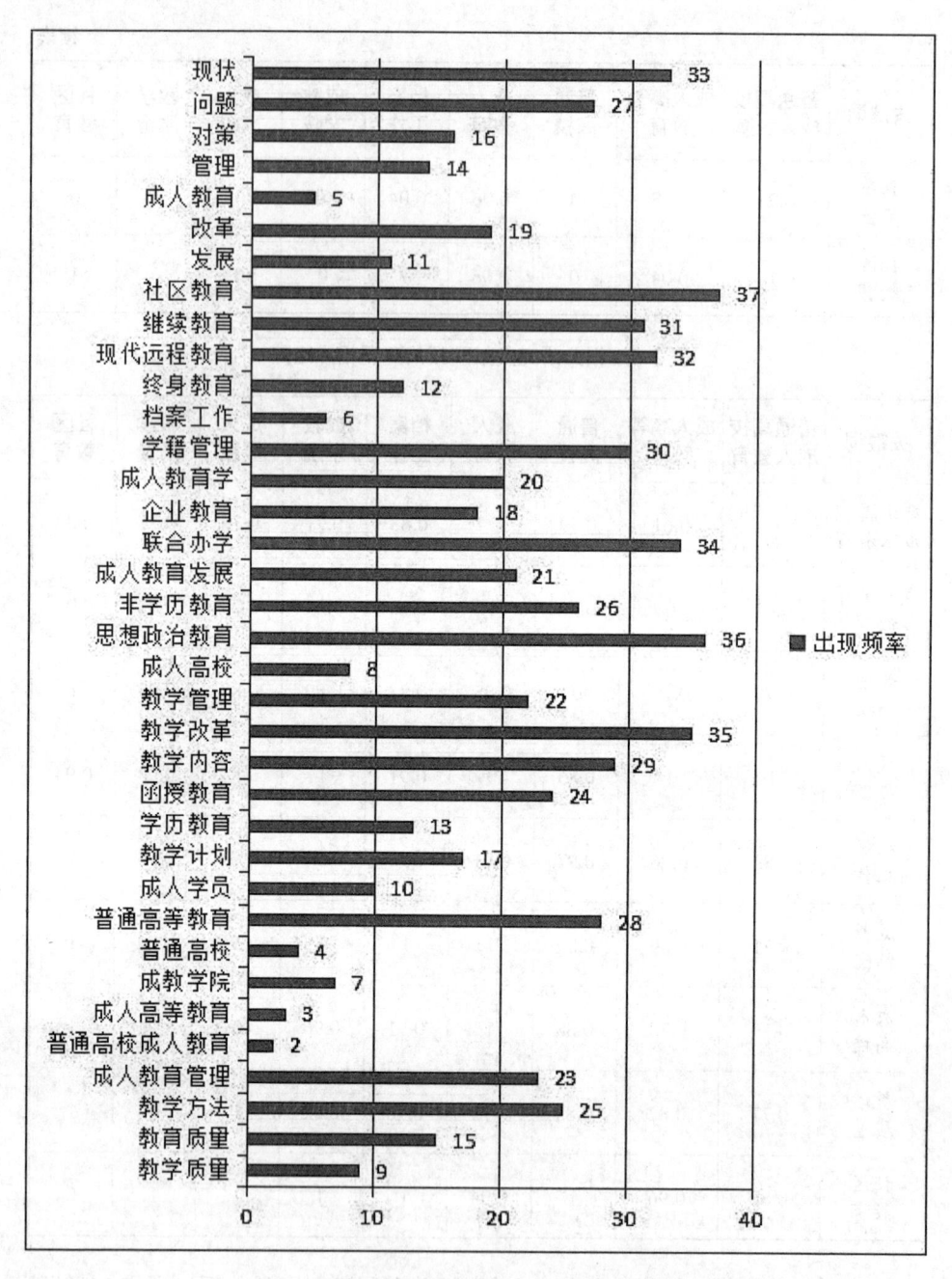

关键词	出现频率
现状	33
问题	27
对策	16
管理	14
成人教育	5
改革	19
发展	11
社区教育	37
继续教育	31
现代远程教育	32
终身教育	12
档案工作	6
学籍管理	30
成人教育学	20
企业教育	18
联合办学	34
成人教育发展	21
非学历教育	26
思想政治教育	36
成人高校	8
教学管理	22
教学改革	35
教学内容	29
函授教育	24
学历教育	13
教学计划	17
成人学员	10
普通高等教育	28
普通高校	4
成教学院	7
成人高等教育	3
普通高校成人教育	2
成人教育管理	23
教学方法	25
教育质量	15
教学质量	9

图 2-2 高校成人教育研究领域关键词频率图

（三）高校成人（继续）教育改革不断推进

自从"十一五"以来，历年来的中国成人协会高等教育理论研究会的主题大多离不开发展这一关键词。"改革"与"发展"成了中国成人教育协会的一个主要的讨论内容，为了更好地转型，我国成人高等教育喊出了"文化引领、质量立校、差异发展、特色创新"的口号。如表2-5所示为中国成人教育协会历年来的大会主题与大会举办地点，从这一表格中我们可以明确地看出，历年的主题内容。

表2-5 中国成人协会成人高等教育理论研究会主题

时间	地点	主办方	届次	大会主题
2006年	四川成都	四川师范大学	第十届	自主创新与成人教育发展
2007年	云南昆明	云南大学	第十一届	构建和谐社会的成人教育
2008年	宁夏银川	宁夏大学	第十二届	改革开放三十年来中国成人教育发展历史回顾
2009年	山东青岛	青岛科技大学	第十三届	国际金融危机下的成人高等教育发展
2010年	浙江杭州	浙江工业大学	第十四届	终身教育视角下成人高等教育的改革与发展
2011年	广西桂林	广西师范大学	第十五届	党的教育思想与成人教育的发展
2012年	河南开封	河南大学	第十六届	以创新文化引领成人高等继续教育的改革与发展
2013年	新疆乌鲁木齐	新疆师范大学	第十七届	学习型社会建设与深化成人高等教育改革
2014年	云南昆明	云南大学	第十八届	我国成人教育发展形势的变化和创新，探讨了鲜活的办学经验
2015年	浙江温州	温州大学	第十九届	围绕"创业创新与成人高等教育转型发展"主题进行深入探讨
2016年	四川成都	四川师范大学	第二十届	围绕"五大发展理念引领下的高等继续教育转型发展"主题进行探讨

续表

时间	地点	主办方	届次	大会主题
2017年	广东广州	华南师范大学	第二十一届	十九大精神引领下的高等继续教育转型发展
2018年	辽宁沈阳	沈阳大学	第二十二届	高等继续教育改革发展40年

第五节 高校继续教育发展中存在的问题

一、对高职院校继续教育的意义认识不到位

（一）对高职院校继续教育的重视程度不够

当前社会普遍对高职院校的继续教育存在一定的轻视。在他们眼中，高职院校继续教育可有可无，只不过就是走过场的一次教育体验而已，因此出现了在继续教育实践活动上应付了事、随便做做的现象，这也就是很多高职院校开展了继续教育，但教育质量却迟迟提不上来的一个主要原因。

倘若一些院校对继续教育的认识不够充分，没有意识到其重要性的话，便会出现以下情况：①将继续教育作为增加学校招生的一种辅助项目，变得以纯粹追求盈利为主要目的；②既然以盈利为目的，少不了的便是迎合社会当前潮流，开设更多的社会潮流专业，而忽视了很多社会必需专业，从而导致了教育与社会脱节；③盲目地扩大招生规模，不再顾忌学校与社会发展的需求，开始变得我行我素、唯利益至上，还会使得一些根本没有办学能力的机构、培训中心加入其中，趁机捞金，这是对学生最大的伤害；④一些高校虽然想扩大对继续教育的投资，但是因为没有实力而只能落空，因此只能采取"低投入，高回报"的策略，由此只能将继续教育变得越来越利益化；⑤一些高校疏于严格的管理导致继续教育学院的生源下降，因此高校对他们采取特殊管理，管理方式宽松，虽然会提升一定的经济效益，但会影响毕业生的质量，最终还会影响继续教育学院的生源。

（二）高职院校继续教育没有统一的部门归属

根据当前继续教育学院的发展情况，我们可以看出，当前继续教育主要归属在两个部门之下：①高职院校将继续教育单独划分成一个教育院系，让其拥有一定的自主权利；②统一学校的管理部门进行管理，所有事物由学校统一安排、统一分配。

但是，还有一些继续教育学院没有明确的归属部门，定位也不清晰，甚至不知道自己到底是"成人教育学院"，还是"继续教育学院"，只顾模仿其他学院而忽视了自身的特殊性。这样混乱的管理，无疑也是对继续教育学院的一种伤害。

（三）在普通高职院校当中，继续教育的地位甚微

每个院校内部都有很多的专业院系，相对其他院系，继续教育学院的地位就显得十分卑微。在很多人的观念中，继续教育并不算是高职院校教育活动中的正规教育与工作重心，更多地认为继续教育只是学校业余时间所开设的学院，再或者就是为了响应政府的号召所办立的。

一些学校为了节省经费，只能拿继续教育"开刀"，减少继续教育学院的招生人数，从而减少继续教育学院的教学设备投入，进而省下一部分经费投入其他学院。在这种情况下，继续教育的生存环境无疑是恶劣的，这种在夹缝中生存的方式，继续教育又怎么能够变得越来越好呢？这样的日子过一天算一天，继续教育迟早会因为学校的这种不够重视、剥削而停办。其实归根结底，还是由于继续教育的发展不够全面，不够成熟，教育工作者在思想上、战略上对继续教育的认识依旧不够深入，不够正确。

二、存在一定程度的重视知识教育而轻视职业道德教育

当前高职院校继续教育中，往往对知识与技能的讲解十分到位，对其十分的重视，但却忽视了对学生的职业道德方面的建设。诚然，知识与技能对学生是重要的，学生今后的发展也离不开知识与技能，但是职业道德确是今后学生能否更好地在职场工作、在社会中立足的一个重要的环节。职业道德教导了人们在工作的时候应当遵守职场内的行为规则，引导学生进行职业道德的建设更能够培养学生的责任心。

三、经费投入不足

据统计，2010年，全国普通高等本科院校平均每所院校的经费支出为16222.25元，而高职院校的平均教育经费支出约为11908.69元。普通高等本科院校的预算平均教育经费支出为8346.61元，普通高职院校专科院校的平均教育经费则为5410.85元。在一些经济较为不发达的地区，高职院校的平均教育经费更少，例如表2-6为2018年全国教育经费执行情况，从这个表中我们可以很直观地看出各个省份或地区的教育经费情况，如一些发达地区的经费在不断增长，而一些不发达地区的经费甚至出现了大幅度减少的情况。

表2-6　2018年一般公共预算教育经费增长情况

地区	一般公共预算教育经费（亿元）	一般公共预算教育经费占一般公共预算支出比例（%）	一般公共预算教育经费本年比上年增长（%）	财政经常性收入本年比上年增长（%）	一般公共预算教育经费与财政经常性收入增长幅度比较（百分点）
北京市	1020.72	13.66	6.80	6.72	0.08
天津市	448.04	14.44	3.09	-0.20	3.29
河北省	1354.50	17.53	8.65	8.42	0.23
山西省	668.96	15.62	8.23	15.21	-6.98
内蒙古	556.65	11.73	3.83	8.81	-4.98
辽宁省	653.70	12.25	0.97	-0.23	1.20
吉林省	508.60	13.42	0.95	4.66	-3.71
黑龙江省	587.72	12.57	-1.23	3.15	-4.38
上海市	889.96	10.66	6.50	7.01	-0.51
江苏省	2040.47	17.50	3.09	7.30	-4.21
浙江省	1567.41	18.16	10.92	12.37	-1.45
安徽省	1111.49	16.91	9.77	5.99	3.78

续表

地区	一般公共预算教育经费（亿元）	一般公共预算教育经费占一般公共预算支出比例（%）	一般公共预算教育经费本年比上年增长（%）	财政经常性收入本年比上年增长（%）	一般公共预算教育经费与财政经常性收入增长幅度比较（百分点）
福建省	923.84	19.12	8.63	5.21	3.42
江西省	1048.51	18.50	11.61	7.79	3.82
山东省	2001.21	19.81	5.95	4.40	1.55
河南省	1621.02	17.59	12.46	10.76	1.70
湖北省	1050.96	14.48	1.34	6.12	−4.78
湖南省	1177.77	15.75	5.17	6.02	−0.85
广东省	2805.31	17.83	11.21	8.57	2.64
广西壮族自治区	927.82	17.47	1.74	0.98	0.76
海南省	248.98	14.72	12.80	15.09	−2.29
重庆市	678.83	14.95	10.46	−0.33	10.79
四川省	1470.00	15.14	5.21	5.04	0.17
贵州省	983.86	19.56	8.51	8.38	0.13
云南省	1069.49	17.60	8.17	4.09	4.08
西藏自治区	229.02	11.62	5.85	20.69	−14.84
陕西省	855.68	16.14	5.11	14.51	−9.40
甘肃省	592.96	15.72	4.51	10.65	−6.14
青海省	198.94	12.08	6.60	2.25	4.35
宁夏回族自治区	167.97	11.84	0.70	4.39	−3.69
新疆维吾尔自治区	815.64	16.27	13.02	13.94	−0.92

如表2-7是全国前十大学经费排名，可以看出，对于高校的教育经费的投入不足是影响学校发展的一个主要因素。

表2-7　教育部直属高校2018年与2017年总经费对比（亿元）

排名	学校	2018年总经费	2017年总经费	增加经费	增长率
1	清华大学	276.44	247.77	28.67	11.57%
2	浙江大学	191.92	168.98	22.94	13.58%
3	北京大学	189.17	213.82	−24.65	−11.53%
4	上海交通大学	178.71	163.58	15.13	9.25%
5	中山大学	130.53	107.4	23.13	21.54%
6	复旦大学	114.99	104.57	10.42	9.97%
7	华中科技大学	103.92	90.84	13.08	14.40%
8	武汉大学	99.91	88.44	11.47	12.97%
9	同济大学	97.74	80.51	17.23	21.41%
10	吉林大学	97.24	91.63	5.61	6.12%

高职院校的教育经费主要用在学生实习以及实习所需要的一些资源方面。如果经费不到位，可能会影响到五方面：①会影响到高职院校与政府或者是社会企业之间的合作；②会影响到学生的实习情况，可能会使得学生的实习情况没有达到预期效果；③在一定程度上更是会影响到高职院校的办学特色，以及学校的教学质量；④一些实践课堂所需要的设备等，如果没有足够的经费的话就无法完成，会影响教学进程；⑤经费的短缺，会影响学校的生源，一旦形成恶性循环，则会导致学校生源下降，最终对学校造成巨大的损失。

当前个别高校都依靠政府的财政拨款勉强度日，维持着学校收支平衡，但是我们知道，这样的日子注定不会长久。还有一种情况，就是学校与学校之间、学校与企业之间没有做到资源共享交流，交流不多致使学校发展并不是十分顺畅。还有一些高校存在建设重复的情况，这样浪费了大量的人力和物力，导致学校的基本建设进展缓慢、办学条件落后、基础设施越来越薄弱，跟不上时代社会的要求。

高职院校与一些高校很少将经费投入继续教育方面，可以说对继续成人教育存在一定的轻视，并没有成立专门的继续教育专项资金部门，继续教育部门因此只能从学生的学费中来维持学院的日常开支与正常运作，加之高校的教育资源短缺，能够给予继续教育学院的教育资源就更加稀少，继续教育迈不开步伐，没有属于自己的坚实的阵地，又怎么能够发展起来，打好第一仗呢？

　　目前，若想要解决高职院校的继续教育经费短缺的情况，一些学者认为可以从两个方面入手：①加强与政府的沟通，通过政府官方来增加教育的投入，以此来缓解内部的缺少经费问题；②高职院校需要敏锐的嗅觉，去挖掘市场，探寻市场的潜力，不断研究观察新的市场形势，进行适当的改革，开辟新的路径，以赢得更多的生存空间。

第三章　高校继续教育的管理机制

进入 21 世纪以来，社会主义现代化建设和中国特色社会主义伟大事业不断推进，这使得我国的高校继续教育面临更多的机遇与挑战。因此，为了推动高校继续教育发展，必须要准确地把握机遇，科学地应对挑战，秉承系统论的理念，通盘考虑，总体谋划。其中，最具根本性、全局性的治本之策就是继续教育的管理机制建设。本章分为高校继续教育的管理机制概说、高校继续教育的管理机制分析、高校继续教育的管理机制创新三部分。其主要内容包括高校继续教育管理机制的概念界定、高校继续教育管理机制的基本特点、继续教育管理机制创新的重要意义等方面。

第一节　高校继续教育的管理机制概说

一、高校继续教育管理机制的概念界定

（一）继续教育管理

继续教育的管理是指根据继续教育的目标，组织、协调继续教育机构和人员，共同努力，为国家培养较高层次人才的过程。具体应该包括继续教育的机构设置、课程及教学管理、学生及学籍管理、财务财产管理、社会助学管理等方面。

继续教育管理的方法主要有三种，具体如下。

1. 行政方法

对继续教育要采用科学的行政管理方法，就必须做好：一要大兴调查研究

之风，务必使下达的行政命令符合客观实际；二要坚持群众路线，使政令的决策能集思广益，政令的执行能得到群众的拥护；三要解剖麻雀，以点带面，使政令积极、稳妥，执行有序；四要及时交流总结，进行反馈，使政令更加完善。对继续教育的管理要符合其行为和特点，行政管理的范围不能任意扩大，更不能滥用行政方法，干扰办学单位的工作。要调动办学单位自我管理的积极性，增强其自主办学能力。

2. 法律方法

在管理工作中运用法律手段，便能保证必要的管理秩序，使管理系统内部关系正常化，还可以实现各种管理因素之间关系的有效调节，使之趋于和谐，从而促进管理系统的发展。长期以来，由于我们对在管理工作中运用法律方法的重要性认识不足，致使我国的立法工作滞后于管理工作。采用法律方法管理继续教育是适应国际教育发展趋势，提高继续教育管理水平的需要。我们一定要为健全和完善保障继续教育和整个教育体系管理的法律而不懈努力。

3. 思想方法

重视和依靠思想政治教育是我们各类管理工作的优良传统，也是我们管理的优势所在。继续教育中的思想方法，就是通过思想政治工作，调动继续教育的学员、教师和管理人员的积极性，保证继续教育质量的一种方法。继续教育作为高等教育的重要组成部分，要借鉴高等学校行之有效的方法，及时总结经验，充分分析继续教育的特点，积极引进心理学、管理心理学等学科的研究成果，不断提高继续教育的管理水平，努力提高思想政治教育的针对性和科学性，在运用思想方法进行继续教育管理中探索出自己独特的思想管理方法。

（二）机制、管理机制的含义

对于机制和机理而言，二者的意思相同，起初都属于机器学领域的概念，特指机器的构造和工作原理。经过长时间的发展演变，在自然科学和社会科学中，机制这一概念也有所应用。机制在自然科学中的意思是事物或自然现象的作用原理、作用过程及其功能；而其在社会科学中则有着更为复杂的意思，且与事物的结构、功能及其作用过程有所联系。

对机制这一概念进行理解，概括来讲，它就是事物的构成要素及其相互联系、相互作用的原理、方式和过程，它作为一种作用原理和过程，可以引发研究对象的规律性变化，并且会对研究对象的存在状态起决定性作用。

管理系统的结构及其运行机理就是所谓的管理机制。它主要是指事物各组成要素间相互联系和制约的关系、功能和过程，而这些主要发生在体现规律性的发展变化过程中。从本质上看，它就是管理系统的内在联系、功能及运行原理，也是事物机制的动态表现之一，在管理功效的决定性工程中处于核心地位。运行机制涉及的方面极广，包括组织的环境和结构、参与主体、要素配置等，而这些方面的内容又有所不同，因此在其变化发展的过程中，它所展示的特点、功能也是有很大差异的。

（三）高校继续教育管理机制的含义

在国内，已经有学者对高校继续教育的管理机制做出了相关论述，但缺乏系统性。例如，有学者认为，继续教育系统内各机构要素间相互依存和作用的内在联系方式、制约关系及其功能作用就是所谓的继续教育机制，它可以为继续教育的正常运转提供有效保障。对于继续教育的机制而言，它主要有发动机制、动力机制、推动机制三个要素。

结合机制和管理机制的相关概念进行思考，可以认为所谓高校继续教育的管理机制主要指各构成要素之间以及各类经济社会因素之间的相互联系和作用的运行模式，这里提到的构成要素即构成高校继续教育系统的要素，而经济社会因素则主要指与继续教育系统紧密联系的相关因素，并且它主要发生在高校继续教育的运行过程中。为了准确把握该概念，我们可以从四个方面进行理解。第一，从本质上看，这一管理机制就是一种运行模式。它具有规律性和客观性，不会受到人的意志的影响。第二，对于高校继续教育的运行机制而言，它在高校继续教育的运行过程中呈现出一种动态性，而并非静止不动的。第三，这一管理机制涉及了政府、学校、学生等多个行为主体，它们之间的相互作用会对高校继续教育的运行情况产生极大的影响。第四，这一管理机制和国家的社会经济也是有所联系的。对于高校继续教育的运行机制而言，其基本特质就是与经济社会条件相互制约和影响。

二、高校继续教育管理机制的基本特点

（一）集权性、封闭性和划一性的特征

对于高校继续教育管理机制而言，它的特点和国家的经济体制是有所联系的，由此形成的管理机制会遵循一定的规律和秩序，对继续教育管理者的行为进行自发的和能动的诱导，甚至会对该行为起决定性作用。

在计划经济体制下，高校继续教育推行的体制主要是国家集中管理和政府直接管理。在这种情况下，办学的主体是国家及其教育管理部门，高校处于政府的管辖范围内。这就意味着国家及其教育管理部门全权负责学习建立、教学过程、课程设置、人事变动、后勤服务等各类工作的统筹和规划。在这种体制下，从本质意义上讲，该管理机制就是行政垄断的一种。在资源配置上，起作用的主要是计划和行政机制，而不存在市场和市场机制。在行为主体上，起关键性作用就是政府，政府与高校、用人单位之间是"父子"关系，而与学生之间则是"爷孙"关系。

在这样的背景下，该管理机制的主要特征就是集权性、封闭性和划一性等。集权性主要指国家及其教育管理部门集中掌握举办权、办学权和管理权，而高校和用人单位并不具备自主的权力。封闭性主要指高校建设和人才培养这两方面与经济社会的发展需求是相互割裂和脱节的，一切都听命于政府。划一性主要指政府采取强制性行为，下达相应的任务、指令，统一模式、纪律和行为，忽视各大高校和行业的发展特点和不平衡性。

（二）市场性、自主性和可控性的特征

在市场经济体制下，由市场来配置社会资源的运行规则和规律是高校继续教育运行机制所必须遵循的，同时，也要注意与高校继续教育的体制相契合。在市场经济条件下，高校继续教育的体制主要由四部分构成，分别是市场、政府、学校、社会，其中起导向作用的是市场机制，起主导作用的是政府调控，起主体作用的是学校办学，起基础作用的是社会参与，这些共同构成了高校继续教育体制的基本框架。

在这样的背景下，该管理机制的基本特点就是市场性、自主性和可控性等。市场性主要指继续教育资源的配置主客体及相互联系方式与功能，发育完备的市场发挥着重要的基础性作用。自主性主要指具有独立自主权的高校应该成为独立法人实体，负责人力资源的开发、输送、积累，并且可以进行自主办学。可控性主要指国家利用恰当的行政、经济和法律手段，推进人力资源配置制度化环境的调控和保障。

三、高校继续教育管理机制的构成要素

高校继续教育的管理机制作为一个系统，必然具有相应的构成要素。从主体性的角度进行分析，可以发现该管理机制主要有五个构成要素，分别是政府、

社会、高校、用人单位和学生。这五个主体的相互行为会对高校继续教育的管理机制起到决定性作用，并在高校继续教育的发展过程中发挥基础性作用。从宏观上看，社会主义市场经济体制下的各类社会条件的变化会对高校继续教育的发展变化起决定性作用。政府会以社会条件的现实情况为依据进行相关方针政策的制定，引导高校继续教育向更好的方向发展。高校会以自身的实际情况为依据进行招生和人才培养，然后向市场输入相应的人才资源，最终在用人单位和学生双方自行协商之后，实现就业协议的签订。用人单位会以自身情况为依据挑选学生，进而推动自身的发展和进步。学生也会以自身的情况和特点为依据进行高校和专业的选择，毕业后，他们自主选择合适的用人单位，实现就业。总而言之，上述的五个行为主体是相互联系和作用的有机整体，影响甚至决定着高校继续教育的建设和发展。

四、完善高校继续教育管理机制的意义

在社会主义市场经济条件下，机制改革和制度创新不断深化，高校继续教育的运行机制日益完善和健全，同时可以利用合适的立法手段进一步巩固该机制，促使其更具规范性和有序性，充分发挥其应有的作用，这些具有十分重要的意义和价值，有利于推动我国高校继续教育的可持续发展。

在高校继续教育的持续发展过程中，一种重要的内在调节机制就是完善的高校继续教育管理机制。一般而言，高校继续教育的发展速度和规模主要取决于社会和个人对高校继续教育的需求，而这一需求可以通过劳动力市场上人才的供求状况直观反映出来。如果高校继续教育的发展速度过快且规模过大，就会出现毕业生供大于求的状况，进而导致就业困难、收入过低，在这种情况下，高校继续教育应该放慢发展速度，适当缩减规模。反之，如果高校继续教育的发展速度过慢且规模过小，就会出现毕业生供不应求的状况，进而导致就业机会增多、收入提高，在这种情况下，高校继续教育应该加快发展速度，适当扩大规模。

由此可见，在充分发挥市场调节作用的情况下，高校继续教育的发展速度和规模是比较稳定的，并且这种调节具有自发性、盲目性和滞后性。这就要求同时发挥市场的调节作用和政府的宏观调控作用。在两种作用有效结合的基础上，推动高校继续教育管理机制进一步优化，提供一种内在的驱动力和激励机制以促进高校继续教育的发展，推动内部结合不断深化，促使办学的质量和效益进一步提高，进而实现高校继续教育的持续健康发展。

五、继续教育管理机制面临的问题分析

（一）继续教育缺乏统筹规划

现在的继续教育办学格局具有多形式、多种类的特点，这为继续教育的发展奠定了坚实的基础。但是不同的继续教育之间往往缺乏交流和沟通，最主要的原因就是继续教育实行多头管理。继续教育涉及的类型有很多，包括高等学历继续教育、现代远程教育、各类证书考试等，各类继续教育均有独立的管理机构。总之，缺乏统一的行政管理机构将会导致各类继续教育之间缺乏沟通、互不联系。

究其原因，主要有三点。首先，继续教育方面的法律法规呈现出一种滞后性。如今，继续教育快速发展，且其规模也在不断扩大，但却并未出台与继续教育相关的专门的法律法规。在行政部门的设置上，由于缺乏相应的法律规定，自然难以独立设置继续教育专门管理机构，这就导致了不同的管理机构共同负责各类继续教育的管理，缺乏统一的管理和统筹规划。其次，对继续教育专门行政管理机构的设置重视不够。继续教育的发展逐渐引起国家和各级政府机构的重视，仍在寻找和探索各项工作的开展方法和手段。对于专门行政管理结构的设置，相应的规划和理论是必不可少的，但此项工作却不是短时间内可以完成的，这必然导致缺乏统一管理机构的局面的出现。最后，在继续教育领域，民间咨询或研究组织的管理参与力度不够。

（二）政府财政资金投入有限

当前有关继续教育发展经费投入方面，政府财政每年都拨出一部分用于推动继续教育建设和发展的资金，但是这仍然难以满足继续教育的需求。关于继续教育发展的所需资金，最主要的获取途径就是办学部门自筹，采取的筹措方式是"以学养学"。资金的投入渠道单一，社会、企业或者行业机构对此类教育的资金投入量小，这些都会影响到继续教育的健康发展。

对当前继续教育的发展状况和筹资渠道进行分析，可以发现其渠道过于单一的原因主要有三点。第一，法律保障机制缺失。没有专门的继续教育法规，也就没有对政府投入的力度进行明确的强制性规定。第二，当前普通高等教育的发展速度越来越快、规模也越来越大，进而出现了资金投入不足的状况，在这种情况下，政府把工作重心放在了普通高等教育的资金筹集上，忽视了继续教育的建设与发展，相应的资金投入也必然不会增加。第三，没有立法明确社

会企业或者行业机构对继续教育的支持力度，企业职工享有接受继续教育的权利更是没有立法保障。企业都是以营利为目的的，在缺乏立法保障的情况下，它们自然会忽视对继续教育的投入以及职工对继续教育的需要，这是难以避免的。

（三）社会办学力量薄弱

目前，继续教育、成人学历教育、自学考试和网络教育的办学主体仍然是以高等学校为主，社会办学力量薄弱。最主要的原因就是在继续教育领域，有着非常高的办学门槛以及异常严格的办学主体审批程序。一般而言，关于继续教育领域和成人学历教育领域，地方的教育机构或者私人的办学单位都是很难进入其中的。

一方面，这有效保证了继续教育的教学质量，很大程度上避免了某些非法办学机构借机敛财、倒卖文凭的现象的出现。另一方面，这使得高校开展继续教育的负担进一步增加，高校难以满足多元化的社会需求，在这种情况下，社会办学机构的支持与协作就显得十分必要了。同时，对于人们对继续教育需求的具体内容和方式，社会办学主体或者私人办学单位会有更加准确的了解和掌握，这些管理机构能够在此基础上对自己的办学方向和方式做出及时的调整，促使这种需求得到满足。因此，应鼓励社会力量办学，推动办学门槛不断降低，促使办学指导和监督不断加强，形成多形式、多模式的办学格局。

（四）继续教育培训缺乏标准化

如今，已经形成了继续教育的培训体系，且该体系具有多层次、多科类、多形式的特点，这在一定程度上满足了社会多样性的需求。但是，各类继续教育培训缺乏统一的标准。首先，这与整个继续教育缺乏有效统筹规划、没有明确制定统一的继续教育培训规格与标准有很大关系。其次，这也与继续教育办学机构追求利益化趋向有关。办学机构仅仅顾及眼前利益，无视继续教育的培训质量，乱办班、乱发证、乱收费，对培训课程设置、教学手段、教学方式缺乏有效管理。最后，继续教育培训的评估和反馈体系不够完善，缺乏科学衡量继续教育培训成效的标准，这也导致继续教育标准化建设缺失保障体系。

（五）继续教育管理机制改革实践力度不够

对于继续教育的管理制度而言，与其相关的理论研究和改革实践总结的经验，为继续教育综合改革的推进提供有效指导，应该重视此项工作的开展。目前，对继续教育管理制度的理论研究和改革实践重视不够，投入不足，研究力量薄弱，推进继续教育管理制度及体制改革的理论支持缺失，不能够有效地指导推进继续教育综合改革。

第二节　高校继续教育的管理机制分析

一、外部环境：高校继续教育管理机制的制约因素

对于高校继续教育的管理机制而言，一个重要的制约因素就是高校继续教育的外部环境，它与现实情况密切联系，属于重大的理论和实践问题。所以，了解高校继续教育的外部环境是准确把握其管理机制的基础。这就要求我们要努力实现国际环境和国内环境的有机统一。

（一）国际环境

我们可以注意到，如今的经济全球化的影响是深入且广泛的，在这样的时代背景下，高校继续教育的一个重要特点就是国际化，并且这一特点在课程设置、教育内容、培养方式等方面都有所体现。此外，我们应该看到，对于高校继续教育而言，经济全球化是一把"双刃剑"，既带来了良好的机遇，也带来了严峻的挑战。经济全球化使得各国的经济竞争愈加激烈。为了使自身的经济安全得到维护，取得竞争中的优势和胜利，必须进行高素质技术人才的培养，这已是世界各国的共识。但是一个最重要的问题就是怎样推进高素质技术人才的培养，怎样使得接受高等教育的学生顺利完成过渡。对此，要求我们在认识和把握高校继续教育的国际环境时要拥有国际化的思维、务实的态度以及更加宽阔的视野。

（二）国内环境

我们更要对我国高校继续教育的国内环境有所了解，主要可以从经济、科学技术和文化三个方面进行分析和掌握。

1. 经济方面

在经济方面，高校继续教育与经济发展息息相关。大多数人都认为，国家经济的发展速度和水平会影响到高校继续教育的建设和发展。尤其需要注意，经济体制的转变会影响我国高校继续教育发展。在我国，以前实行的是计划经济体制，但如今，开始向社会主义市场经济体制转变，这极大地影响了高校继续教育的发展。

除此之外，我国经济社会的发展具有明显的不平衡性，这也会对我国高校继续教育的发展产生影响，即为其带来明显的区域性特征。在高校继续教育的发展过程中，其发展不平衡的一个重要体现就是区域性特征。这要求我们不断解放思想、开拓创新、多措并举，促使这种状况得到改善，朝着均衡有效的方向发展，以推动经济社会的建设和发展。

2. 科技方面

在科学技术方面，科学技术的发展变化会直接影响到高校继续教育的发展，即可以对相关教育者的教学理念和能力产生一定的影响，并且可以揭示其身心发展规律，促使教育对象不断增多，教学内容愈加丰富，推动教育方法与手段的革新。

在当代，科技的更新速度越来越快，为了跟上科学技术的进步，高校继续教育也必须得到进一步的发展。我们应该始终保持积极主动的态度和精神，在结合具体实践的基础上，不断地学习和进步。

3. 文化方面

在文化方面，对于高校继续教育与文化的关系，学界在很长的一段时间里都缺乏充足的认识。如今，文化的影响力越来越大，很多研究者随之对其进行了更加深入的探讨。大多数的学者都认为，高校继续教育具有一定的文化功能，而这一功能在培养人才、创造文化等方面都有所体现。从某种意义上讲，高校继续教育与文化之间有着极为特殊的关系，发挥着永恒性和基础性的作用。

目前，我们正处于社会经济加快转型的时代，人们的就业方式、生活方式、利益诉求以及文化观念都发生了巨大的变化，对于高校的继续教育，人们也有了更加多样化的需求。在这样的情况下，对高校继续教育的人才培养和学生独立人格的塑造、文化氛围的变化提出了更高的要求。同时，在高校继续教育的管理和教学过程中，文化因素逐渐渗透进来，这对教学内容和手段的选择和使用也提出了新要求。

（三）把握好外部环境下的继续教育管理机制

我国高校继续教育会受到国际国内宏观环境的影响，因此，其发展变化有着独具特色的体制安排，这直接制约了其管理机制的发展。管理机制的基础和前提就是体制，即一定的管理机制会随着一种体制的确立而相应地产生。同时，对于体制而言，其具体展现就是管理机制，它也是一定制度安排的反映。计划经济体制下和市场经济体制下的两种高校继续教育管理机制是完全不同的，所以，为了准确把握相应的管理机制，必须要了解和掌握社会大环境背景下实行的相关体制。可以说，体制会对机制起决定性作用。

在我国整个教育系统和社会经济系统中，高校继续教育是其中的一个子系统，一定的体制和整个社会政治经济制度的安排都会对管理机制起决定性作用。也就是说，政治经济体制的性质与方式会对高校继续教育体制和管理机制的性质与作用方式起到制约作用。

二、内部构成：高校继续教育管理机制的组成要素

从本质上看，高校继续教育管理机制就是一个大系统，它是由不同的要素构成的。对高校继续教育管理机制的外部环境进行全面深入的分析，然后在此基础上，从两个要素出发进行该管理机制的论述，以此来推动高校继续教育管理机制的发展，使其实现更好的创新。

（一）高校继续教育管理机制的物理结构

对于所有的系统而言，它们都必然有其存在和发展的物质基础，而这一物质基础的真实映照就是物理层面。该层面强调这一系统内部的组合方式和关系就是所谓的系统内部的物理结构。

1. 继续教育系统的边界

一般而言，系统的基本特征之一就是开放性，但这里提到的开放是有范围限制的。这就涉及了系统的边界问题。一般情况下，很难做到清楚地界定系统的边界。由此可以推断出，高校继续教育的系统也是动态的、变化的。

首先，从教育空间的角度看，对于高校继续教育的空间而言，它并非固定不变，而是始终处于变化之中。它存在的地点可能是高校，可能是用户单位，也可能是某些专门的培训中心或会议中心。其次，从教育对象的角度看，一般而言，高校继续教育的对象具有很大的流动性，和学校教育不同，接受这种教

育的学生始终是变化的。再次，从教育时间的角度看，对于高校继续教育而言，最主要的学习模式就是短期学习，究其原因，即在职人员为该教育的主要教育对象。最后，从教育内容的角度看，一般学校教育的课程都有统一的教材，且具有相对稳定性，而高校继续教育则完全不同，其内容更新快，且其侧重点为新技术、新理念和实际问题。综上来看，虽然难以清楚地界定高校继续教育的物理边界，但可以从动态变化和业务范围的角度出发进行框定。

2. 高校继续教育管理机制的物理结构

对于高校的继续教育管理机制而言，构成它的各个子系统及其相互关系就是其物理结构。这些子系统在发挥自身作用的基础上推动高校继续教育管理机制不断发展和进步。在划分高校继续教育管理机制时，参照的标准不同，做出的划分也不尽相同。比如说，可以以自然属性为依据将其划分为四部分，即国家和政府、高校、企事业用户单位以及继续教育学员；也可以以业务类型为依据将其划分为教育系统和管理系统等。此外，还有学者认为，该管理机制可以划分为三大子系统，即政府、高校、用户单位。

从政府的角度看，在高校继续教育工作中，国家和地方政府承担着十分重要的职能，即管理、监督和指导。政府要以社会发展的实际情况为依据，积极地解放思想，跟上时代的步伐，推动自身结构进一步优化，促使改革力度进一步加强，明确相应的培训标准和工作重点，做好相应的指导、服务和监督管理工作，在此基础上，促进高校继续教育的建设和发展。

从高校的角度看，在高校继续教育工作中，具体的实施机构是高校，它可以推动高素质人才的培养。在继续教育活动的实施过程中，要重视教育教学活动水平以及管理服务水平的提升，协调好教学和管理这两个小系统。

从工、商、企业和事业等用户单位来看，在高校继续教育工作中，这些用户单位发挥着十分重要的作用。一方面，高校继续教育为工、商、企、事业单位培育和输送了大量的高素质人才；另一方面，用户单位的发展需求为高校的人才培养标准提供了客观、科学的现实依据。在开展继续教育时，用户单位要从客观实际出发，与时代发展的要求相适应，选择恰当的发展模式。

（二）高校继续教育管理机制的目的和功能

在系统的发展变化中，一个重要的组成部分和外显属性就是系统的目的和功能。所以，一定要从高校继续教育管理机制的目的和功能这两个方面出发，展开其表现层面的探讨。

1. 高校继续教育的目的

充分理解和认识教育的目的以及高校继续教育的特殊性，并将二者结合起来，在此基础上，明确高校继续教育的目的。概括而言，主要有四方面。第一，提供好的学习机会，推动个人理论知识和实践技能不断提高，促使其人格素养进一步完善，做好充足的准备以获得更好的生存发展机会。第二，促使继续教育的服务水平进一步提高，进一步解决企业发展中所遇到的技术性难题。第三，高校开展的继续教育业务，使其自身的发展空间得到了拓展，创造了相应的利润，推动了自身发展。第四，在高校继续教育培养人才的过程中，应该注意培养拥有健康身心和完美个性的生活人，注意培养不断学习、进取和创新的技术人，注意培养精通技术、管理和经营的专门人才。特别要注意的是，所有的目的都要始终以以人为本为前提，这是高校继续教育的应有之义，也是必然要求，更是发展趋势。

2. 高校继续教育的功能

对于教育而言，它所发挥出来的有利的作用或效能就是所谓的教育功能。从作用对象的角度看，一般会将教育的功能分为两类，即本体功能和工具功能，其中前者指育人功能，而后者指社会功能。概括来讲，这里所说的育人功能主要体现在三个方面，即生产指导功能、角色培养功能和传递社会规范功能，并且该功能重视和强调个体性和全面性的统一。同时，这里所说的社会功能主要体现在四个方面，即经济功能、政治功能、文化功能和变迁功能。此外，还有学者认为教育主要有经济效益、教育效益和社会效益这三种功能，而这三个方面又可统称为教育绩效。依照这种逻辑思路顺势推演，可以发现高校继续教育的功能也可以分为三个方面，即经济效益、教育效益和社会效益。

总而言之，高校继续教育有着十分丰富的功能，概括而言，就是可以使人们对高等教育的需求得到满足，提供更多的就业机会；可以使社会对高素质人才的需求得到满足，提供更多具有较高素质和能力的劳动力。同时，要推动继续教育服务目标的实现和生产力的发展，推进终身教育服务与和谐社会的构建。为了使继续教育的功能充分发挥其作用，必须要推进高校继续教育的改革和创新。

第三节　高校继续教育的管理机制创新

一、动力机制

高校继续教育管理机制的创新，来自社会、高校和企业三方面的共同推动，高校继续教育管理动力机制的立足点是要满足社会、高校和企业三方面的需要。在经济全球化日益加深的当今社会，在互联网知识经济时代，社会需要有知识、有技能的综合素质高的应用型人才，企业在发展的过程中，也需要适应产业、行业的高速发展要求，不断提高生产力、提高企业员工的理论认识和岗位技能，才能在竞争中立于不败之地。高校是向社会、企业输送人才的阵地，要承担起人才培养、社会服务、科学研究等方面的重大责任，积极探索教育管理机制的改革创新方法，拥有高校自身的核心竞争力，才能为企业、为社会培养优秀的人才。

（一）基本结构

高校继续教育管理的动力机制，从管理角度看有着高校教育自身的特殊性，动力机制的基本结构主要包括如下几方面的内容。

1. 动力源

推动高校继续教育管理机制创新的动力来自社会经济发展、企业发展和高校教育改革创新三方面的需要。

2. 动力主体

当今以信息技术为代表的知识经济和全球经济一体化时代，各国家之间、各省市之间以及各企事业单位之间的竞争已经转变为高素质的创新型人才之间的竞争，这就要求我们每个人都要通过不断的学习来适应高速发展的经济社会的需要，高校作为知识传播、人才培养和高素质人才输出的一个社会组织，对于人才的培养，就成为高校继续教育动力产生和利用的主体。

3. 动力客体

作为高校继续教育管理机制的动力客体，就是创新改革高校继续教育的基础设施、教育理念、教学内容、教学方法和手段，也包括对高校继续教育人才培养模式、师资队伍建设、校园文化环境等的改革创新，从而满足动力主体的需求，推动社会经济、科学技术的进步发展。

4. 动力方向

高校继续教育管理机制创新，要明确创新的动力方向和目标，满足动力主体和动力客体的动力需求，才能解决高校继续教育管理机制中存在的问题，根据不同动力主体、动力客体的动力方向制定高校继续教育的目标，推动高校继续教育的管理机制创新持续健康地发展。

（二）高校继续教育动力机制的主要内容

1. 政策导向

原则性的政策规定，是我们前进和发展的方向。高校继续教育管理创新的动力机制，也要严格贯彻和执行党和国家的方针政策，符合社会发展、行业企业发展的趋势和实际需求，坚持正确、科学、前瞻性的政策导向，并且随着动力源、动力主体和动力客体的不断发展变化，调节高校继续教育管理动力机制的政策导向，符合现实的发展。

2. 利益导向

在我们对马克思指出的"人们总是追求利益并为此不断奋斗"的理论基础的科学理解之上，高校继续教育的发展也离不开利益导向，它是我们工作的出发点，也是我们实施工作的落脚点。高校继续教育的管理机制创新，要引导动力主体和动力客体树立科学正确的利益观、价值观，实现高校教育价值观和社会价值的统一，保障高校继续教育动力机制的改革创新。

3. 竞争机制

有竞争才有动力，高校继续教育管理机制创新中，也要树立竞争机制，在竞争中得到发展、创新。要和社会科技发展进步、企业发展相结合，创造公平、正义的竞争环境，树立人本意识，优化教育环境，充实教育内容，完善教育方法，提升自我的核心竞争力。

4. 创新机制

当今科学技术突飞猛进的发展，大数据时代的到来，出现了更多潜在的新型产业，出现了区块链、云技术等高科技的行业，伴随着这些行业的出现，新的就业岗位也不断地产生，这就需要大量的高素质的创新型人才。创新是高校继续教育管理机制存在和发展的内在动力，要对高校继续教育管理、教学、教学评价、科学研究以及交流合作进行创新。

二、保障机制

对高校继续教育管理的保障机制创新，就是要通过加强高校继续教育的组织保障，完善相应的法律法规和制度，提高其队伍的整体素质和工作水平，增加必要的经费投入，改善设施，美化环境，从而更好地保障继续教育的开展。

（一）组织保障

高校继续教育管理机制的组织保障，要从国家、企业、高校三个层面来协调统一，保障高校继续教育的平衡发展。

1. 国家层面

国家要有专门负责管理继续教育的部门，政府统筹指导。高校继续教育的发展要与当地区域发展、行业发展相适应，要在政府的指导下健康、协调地发展。

2. 企业层面

企业要参与到高校继续教育的管理创新中，参与高校教育教学管理，加强校企合作，企业员工可以在高校进行继续教育学习和培训，制定行业继续教育规划、实施办法，规范继续教育发展，实现校企双方的共赢。

3. 高校层面

高校要有专门的机构负责继续教育的具体实施，高校党委要把继续教育的管理机制创新作为重要的工作来抓，制定相应的规章制度，积极争取企业的参与，为继续教育提供强有力的组织保障。

（二）制度保障

高校继续教育管理机制创新工作中，要完善继续教育的法律法规，制定规范科学的管理制度，作为继续教育发展的根本性制度保障。当前我国政府也制定了相应的高校教育的政策文件，如《业务技术人员继续教育暂行规定》等。高校继续教育要在适应社会经济发展的基础上，不断完善制度保障体系，使高校继续教育管理机制有规范化、制度化的保障。

（三）队伍保障

高校继续教育要求有很强的学科融合性及实践性，要求参与的教师不仅具备经济学、管理学、法学、社会学、心理学等多个学科的知识体系，而且要有创新创业实践能力。目前，高校的专业教师自身学科的专业性都很强，但是跨学科知识的融合性弱；理论知识扎实，但是实践经验不足。

高校继续教育从事专业教育的教师基本都是按照学科分专业培养出来的，对自己所从事的专业领域有很扎实的专业基础，但是对创新创业教育所涉及的其他知识比较缺乏。另外，高校继续教育教师大多都是按照国家规定逐级完成学业，从高校毕业后直接任教。这种校门对校门培养的教师理论知识扎实，但是缺乏社会历练，尤其缺乏创业实践经历，教师对创新创业教育大多停留在表面认识上，没有切身的实践体会，自身实践能力跟不上。

高校继续教育的队伍建设也有其特殊性，要注重教师的实践经验，才能够对企业员工的继续教育带来实质性的影响。因此要注重建设"双师型"结构的教师队伍，加强专业教师和兼职教师结合的专业教学团队建设，保障高校继续教育管理机制创新的顺利开展。

（四）投入保障

高校继续教育要改善教育条件，实施管理机制的创新，就要加大投入，财政对教育的投入远远不够，因此，加大对高校的投入，加大对高校继续教育的投入，使高校继续教育管理机制创新有投入保障，是社会和政府的重要职责。在校企合作、产学结合的人才培养模式中，企业也要加大对高校教育的资金投入，参与高校继续教育的管理创新。要充分整合政府、企业、高校各自的优势资源，改善教学基础设施，完善教学环境和教学管理机制，使得高校继续教育成为终身学习体系的重要保障，建设学习型社会。因此，继续教育机构的投资比例应由国家来制定或提供参考标准，保障继续教育的可持续发展。

三、联动机制

高校继续教育管理联动机制的创新，是要充分发挥政府、企业、高校和民间组织的优势，促进相互沟通协作，推动高校继续教育的管理机制创新。

（一）发挥职教集团的优势

高职教育是高校教育中的一个重要组成部分，高职教育以职业技能教育为主，随着社会经济、科学技术的发展，高职教育领域出现了联盟组织，职教集团也开始出现。职教集团出现了行业联盟和地域联盟两种联盟趋势。因为高职教育是面向就业的应用型高校，高职教育就和行业、产业、地区经济发展有着密切的联系，因此职教集团的联盟就具有明显的行业产业特征。

每个高校的继续教育都有着自己在专业、管理、国际交流等方面的独特优势，组建职教联盟，充分发挥各个高校继续教育的优势，进行资源的整合和共享，共同实现高效、实用的合作共赢的继续教育办学创新模式。这样对于接受继续教育的学员来说，也可以选择自己需要的、喜欢的、实用的专业和院校更好地学习，利用职教联盟的共享资源优势，提升高校继续教育的整体办学水平，推动高校继续教育管理机制的联动创新。

（二）发挥民间组织的作用

高校继续教育在充分发挥政府、企业的资源优势下，还要发挥民间组织的作用，扩大继续教育的联动覆盖面，发挥民间组织便利灵活的机制作用，联合民间组织在政策建议、意见反馈和信息沟通等方面发挥重要作用。

①发挥民间组织在信息收集、分析和输出等方面的作用。可以利用民间组织建立一个信息交流平台，政府、企业和高校积极配合，专门负责收集和高校继续教育相关的信息，然后进行信息的汇总、分析，这样也可以解决信息的不对称造成信息的延误问题，有利于高校继续教育决策的制定和管理机制的创新。

②整合国内外继续教育资源，分析现状、总结经验，强化高校继续教育在政策和管理机制方面的信息支持，才能够从专业的视角对继续教育进行全面的分析，在高校继续教育创新管理机制方面提出有针对性、可操作性、前瞻性强的意见和建议，实现政府、高校、民间组织的和谐共赢。

③资金投入。一些民间组织社会责任心较强，热衷公益事业，热衷于对教育事业的公益投资，高校继续教育在公益投资中就可以成为受益者，在资金方面得到了民间组织的大力支持。民间组织回报社会的公益投资得到了社会的尊重和认可，得到了很好的社会效应，实现了社会和民间组织的双赢。

四、激励机制

高校继续教育的管理机制创新，还要制定一套激励机制，让高校继续教育的参与者在继续教育的过程中，既能实现个人利益，又能达到激励机制中制定的既定目标，从而给予继续教育参与者以某种激励。激励机制无论从经济学的理论，还是从职业教育的办学创新体制中研究和探索，都和高校继续教育的实际情况和发展存在着不相适应的现象，因此要用创新的意识来探索高校继续教育的激励机制，促进高校继续教育的健康稳定发展。

对高校继续教育进行绩效评价是一种简单有效的激励机制。绩效评价可以通过量化的指标对继续教育的管理机制进行评价，评价其教育效果。这也是目前来说对高校继续教育激励机制的有效探索，可以评价继续教育过程中的教学效果。有了评价的标准，政府就可以对高校继续教育进行监督和管理，提高继续教育管理工作的效率，也有利于继续教育和社会公众的关系缓和，建立起他们之间和谐发展关系，也有利于高校继续教育向着行业产业、区域经济发展的方向改进，共同推进高校继续教育的创新发展。

五、评估机制

对高校继续教育管理机制的评估，是对其建立的教育效果反馈系统进行社会效益和经济效益的评估。

（一）评估的重要意义

高校继续教育管理机制的科学全面的评估机制，是对高校继续教育教学的效果考核评估，也是对接受继续教育的学员理论知识水平、业务能力和岗位技能等的考核评估，从而为高校继续教育更好地总结经验、更好地服务于社会提供科学的依据，根据社会经济发展、科学技术进步发展的要求，改善高校继续教育的管理机制、教学模式和人才培养模式，进行有针对性的继续教育，有效提高高校继续教育向信息化网络时代创新转变。

高校继续教育管理机制评估的开展，继续教育的学员接受就业安排，也是人们对继续教育的规划、管理、发展方向认识的重要途径，促使高校继续教育考虑应用型人才培养的实际需求，增强了继续教育的实用性，改革创新高校继续教育的教学方法和教学手段，推动继续教育的管理机制创新。

（二）评估的指标分类

1. 宏观指标

①知识结构。通过在高校接受一段时间的学习和培训，学员会对专业知识理论、相关专业的基础理论有一定的掌握；不同专业的学员通过继续教育的共同学习，其沟通协作能力都有所提高，这些都是对学员也是对高校继续教育提

出的宏观指标。②新技术应用。高校继续教育在新行业、新技术领域要有前瞻性，要对学员进行科学技术发展方面的教育和培训，促进行业技术结构的变化。

2. 微观指标

高校继续教育管理机制的微观指标，也是对继续教育的微观效益的评估。微观个体的知识水平、道德素养、创造能力、创新能力、管理能力、实践能力等微观的指标，都是对继续教育应用到实际的工作岗位中的人员能力的评估。

（三）评估的重要原则

1. 客观性

客观性原则也是我们所说的实事求是原则。对于高校继续教育在社会进步、经济发展、科学技术发展等方面的促进作用，要根据客观、科学的数据反馈，分析教育效果。同时，还要深入社会、行业企业的实际生活中去，按照评估标准做出客观、公正的评估。

2. 政策性

高校继续教育的评估工作，一定要坚持政策性原则，根据政策导向做出正确的评估。要确定反映时代特征、高校特征的指标体系，有利于高校、社会、企业和个人的全面进步；还要有相对稳定的评估内容，要与指标体系相适应，保证评估方向的正确性，推进评估工作的顺利进行。

3. 层次性

对于高校继续教育的评估工作，可以从教学管理、科研建设、管理机制三个层次进行。评估教学环境、教学模式、教师队伍建设等教学管理；还可以从科研建设项目的立项情况、经费管理、科研成果转化等方面进行评估；还可以从高校管理的规章制度、执行情况等方面进行评估。总之，要分层次地对教育效果和效益进行科学正确的评估。

（四）评估的基本程序

评估的基本程序为：①确定评估指标；②选择评估方法；③制定评估方案；④数据收集、整理和分析；⑤进行评估和论证。

六、继续教育管理机制创新的重要意义

高校继续教育管理机制的创新，有利于优化高校继续教育的教学资源，完善课程设置，还能够激发学员学习的积极性，优化人才培养模式，提高人才的综合素质和综合应用能力。

在实施继续教育的过程中，由于继续教育具有应用性特征，既要对学员进行专业知识理论的教授，还要重点培训学员的专业岗位技能。高校继续教育管理创新中，根据高校自身的特点和企业发展的需要，高校可以完善专业的设置和课程的设置。高校继续教育在管理创新中，对专业和课程的有效设置，注重联系企业的实际情况，也能调动学员学习的积极性，从而提高学员的学习效率，提高高校继续教育人才培养的质量。

第四章 高校继续教育的信息化建设

新时代互联网信息技术高速发展，高校网络与继续教育要承担起信息化建设的新使命，为高校继续教育的发展做出更大的贡献，为人们终身学习理念的形式提供更为有力的保障，促进高校继续教育在多个领域协同发展。本章分为移动微型学习模式、翻转课堂学习模式、校企共建共享课程资源三个部分。其主要内容包括学习推进策略、学习模式设计、继续教育开放课程研究现状等方面的内容。

第一节 移动微型学习模式

一、概述

（一）移动微型学习

根据第44次中国互联网络发展状况统计报告，截止到2019年6月，中国上网人数规模从2014年约6.32亿人上升到8.54亿人，而位居上网设备首位的手机网民规模也从2014年的5.27亿人上升到8.47亿人，使用手机设备上网的比例从2014年的83.4%上升到99.1%，使得我国互联网普及率从2014年的46.9%上升到61.2%。与五年前相比，移动宽带的下载速率大大提高，速率大约是2014年的6倍，而随着手机网络的普及，手机上网流量资费也越来越低，降低幅度超过了90%。速率的提高和流量资费的下降，大大推动了移动互联网流量用户的大幅度增长，中国移动宽带用户每个月平均移动流量的使用达到了7.2GB，是全球平均水平的1.2倍，移动互联网接入流量消费达553.9亿GB，同比增长107.3%，带动了整体互联网在各行各业的应用发展。

2019年李克强总理的《政府工作报告》中，明确提出了"互联网＋教育"的在线教育学习模式，甚至促进了乡村视频会议室、多媒体教室等教育硬件设施的不断完善，也为乡村继续教育发展提出了新的发展趋势，偏远地区的青少年也能通过共享教育资源获得了学习的机会，改变了自己的命运，促进了地区经济的均衡发展。

截止到2019年6月网络在线教育用户规模达到了2.32亿人，相比较2018年年底就增长了3122万人，网民中有27.2%的人都在利用线上教育资源学习。移动上网成了现代人们沟通交流、休闲娱乐的重要方式，互联网不限时空的碎片化学习和娱乐，让人们可以随时随地获取与学习有关的信息、资源和服务，使得新生代人们的移动微型学习得以实现，移动学习也终将成为未来继续教育的主要方式之一。

近年来，这种学习方式改变了传统的课堂学习教育理念，学习资源、学习时间、学习方式都显现出"微型"特征，随着移动互联网、5G通信技术、大数据时代的到来，以智能手机、IPAD等移动学习设备为媒介的移动学习也正在成为高校继续教育信息化建设的关注点。

基于人们对这种学习模式的说法不同，学者也对移动微型学习提出了不同的概念和内涵，主要的说法有：①借助无线通信网络技术与移动通信设备开展的碎片化学习；②存在于新媒介生态系统中的微型内容和微型媒体的新型学习方式；③它是未来远程继续教育的主要学习方式；④新媒介时代微型学习的主要表现形式。

因此，在高校继续教育的信息化建设中，微信、微博、微课等微平台的学习已经成为新生代员工的主要学习模式，并逐渐被员工接受，也成为传统高校继续教育课堂教学模式改革的重要方向。

（二）新生代员工继续教育

继续教育主要分为学历教育和非学历教育两种，新生代员工通过参加成人高校的学习、培训和考试完成学历教育，成人高等教育曾经是新生代员工继续教育的主要途径，而在国家的教育改革中，要求2020年前取消全国统一成人高考，按照《国家中长期教育改革和发展规划纲要（2010—2020年）》的精神，2014年国务院取消和下放了教育网校审批，2015年、2016年先后取消了校外学习中心点、教育网站和网校的审批，而所有的高校都具备了网络继续教育的资格，在高校的人才培养体系和高校整体质量评估中都纳入了继续教育，高校学历继续教育新模式拓宽了新生代员工继续教育的渠道。

在这种形势下，在线教育、慕课教学等继续教育新模式不断发展，高校教育也将面临成人教育与普通教育相互融合的战略转型，线上与线下的教育信息化也将为新生代员工提供强大的业余学习网络服务，也适应新生代员工成熟的思想、轻松趣味、有目的地学习、非正式学习、实用性等文化学习娱乐的学习需求，碎片化的学习也解决了许多工作、生活、学习的矛盾。

高校继续教育的新生代员工结构也正趋向于80后、90后的在职人员，这些人成了继续教育的学习主体。他们具有非常明显的现代人特征，信息素养比较高，容易接受和掌握互联网网络学习。

二、设计原则

高校继续教育信息化建设中的移动微型学习模式的设计原则，要充分考虑新生代员工、成人高等教育、高校继续教育和企业需求的特点。

（一）可操作性

移动微型学习模式是新生代员工的非正式学习途径，是作为系统、全面的正式学习以外的补充学习，这种学习模式具有可操作性，投入较少的时间和精力而能快速实现学习的目的，不能投入大量的人力、物力和财力去开发学习平台和微型课程，也不能代替传统的正式学历教育学习。

（二）交互性

传统远程继续教育学习平台是"一对多"的教育模式，师生基本没有互动和交流的机会，而移动微型学习模式中的微平台教育是"多对多"模式，多元化的学习主体拥有智能手机、IPAD等移动学习工具，新生代员工能够方便、快捷地获取学习信息，能够持续获得信息服务，移动微型学习资源也包括了微课、音频、视频等多种形式，线上线下的实体和虚拟的学习空间，多元化教育的移动学习要素之间形成了良性的互动，师生之间、人机之间、人与技术之间、技术工具与空间资源之间、实体和虚拟之间，都发生着交互作用，激发新生代员工学习的热情。

（三）共赢性

在移动微型学习模式中，成人学校、高校、企业、新生代员工都能从学习中获取收益。成人学校通过这种碎片式学习，有效解决了新生代参加正式学习和工作之间的时间矛盾；企业也能提高员工的知识水平和岗位技能，节省企业人力资源对员工培训的管理和培训成本；新生代员工也能在工作、生活之余使学习成绩得到提高。总之，在学习模式中的参与主体，都获得了自身的利益，获得了学习、生活的共赢。

三、学习模式建构

高校继续教育信息化建设中，新生代员工的移动微型学习模式的建构，主要包括学员学习需求、移动微型学习资源、移动微型学习平台、教学环境、教学设计、教学评价等方面。移动微型学习模式的建构如图4-1所示。

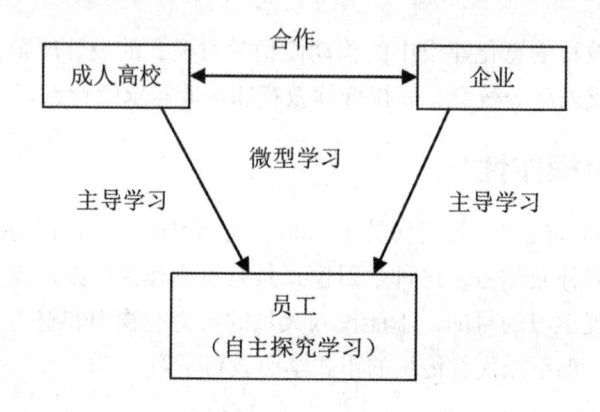

图 4-1 移动微型学习模式

（一）学员特征及学习需求

1. 性格特征

高校继续教育的学习主体是"80后""90后""00后"的在职人员，年龄集中在18～35岁之间，这群新生代的学员独生子女较多，他们普遍存在着缺少尊重意识，表现为没大没小；他们的个人主义、自我意识比较严重，普遍缺乏团队合作的精神、团队奉献精神；由于互联网的影响，他们的网络沟通能力较强，但是实际沟通能力较差，沟通技巧欠缺。他们思想开放，情感丰富，易于表达自己的情感；他们更喜欢生活在虚构的世界里，更喜欢通过网络进行沟通交流，现实的人际交往能力较差；他们的心理素质比较脆弱，容易出现内心的空虚和无助情况；抗压能力差，遇到挫折往往感觉孤立无助。

2. 文化特征

在信息化时代，互联网已经全面嵌入新生代员工社会生活的方方面面，对他们获取知识和提高人际交往能力有着重要的影响，他们对外界事物的认知开放性更高、怀疑性更强、好奇心和求知欲更浓烈，这些特性导致他们更有主见、更不受束缚、更喜欢创新。在思想多元化、价值观多元化的冲击下，人生目标更加物质化，文化需求也呈现出后现代文化的大众平民文化，对于高深的知识通俗化、易懂化、易记化，甚至带有一些娱乐化；教学过程学与做相结合，学与思相结合、学与问相结合，实现抽象的知识形象化、可操作化文化需求特征。

3. 学习需求

高校继续教育主体是新生代员工，由于新生代员工和大学生群体在性格和文化特征方面存在差异性，与高校大学生的学习需求是有区别的，因此高校继续教育教学内容和教学形式也有着显著的不同。

我们曾经抽样调查了1000个新生代员工，对他们的移动微型学习需求做了详细的问卷调查，有效问卷率是76.5%。主要针对20～29岁的本科及以上学历（20.3%）的新生代员工进行调查，也有对包括大专和高职（38.8%）、高中和中专（32.8%）学历的新生代员工进行问卷调查。

经过一段时间的调查、回收问卷、统计分析，我们总结出了新生代员工移动微型学习的情况，统计如图4-1、4-2、4-3、4-4所示，新生代员工微型学习资源统计如图4-5所示。

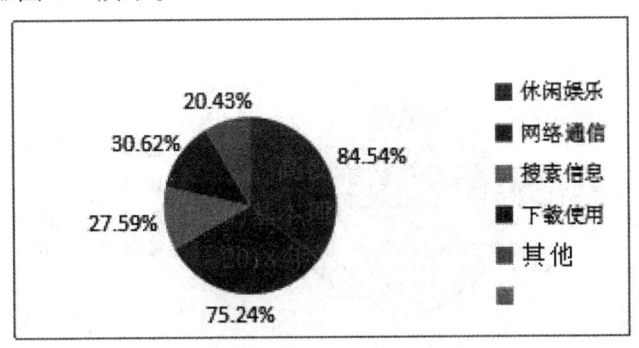

图4-1 手机日常功能统计

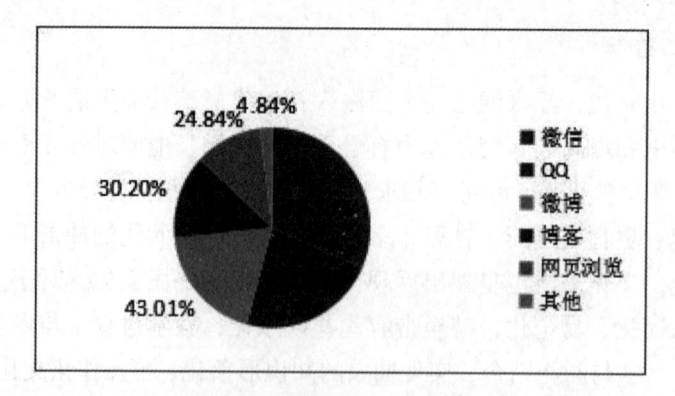

图 4-2　使用软件或平台统计

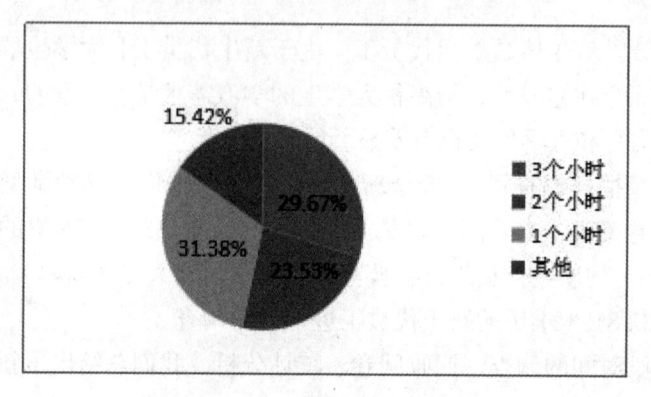

图 4-3　每天上网时长统计

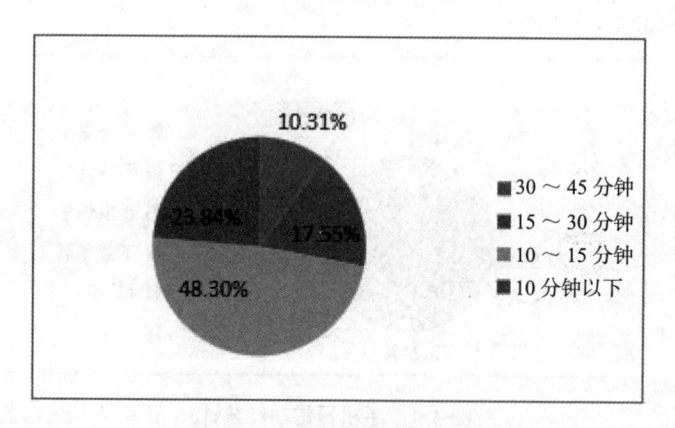

图 4-4　每天学习时长统计

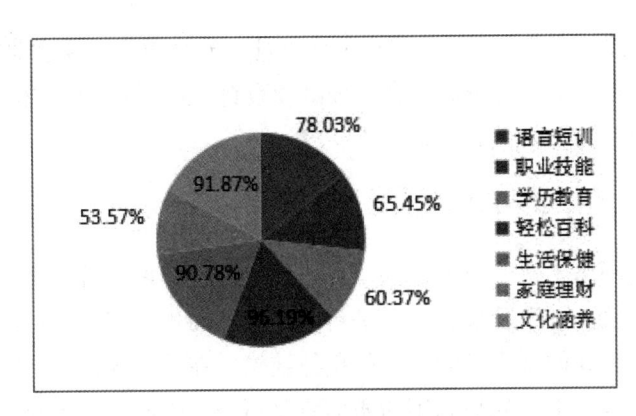

图 4-5　感兴趣的手机学习资源统计

从上面的图中可以看出，新生代员工更加偏向于快餐式的娱乐文化、趣味性的课程学习，手机网络功能主要以休闲娱乐为主。

（二）学习资源

1. 资源分类

高校继续教育在构建移动微型学习模式中，学习资源建设是新生代员工继续教育学习的基础，根据对新生代学员的实际学习需求调查分析，对移动微型学习资源进行了分类，主要包括：①语言训练，满足学员对各语种语言的音频和视频学习需求等；②职业技能及安全教育；③专科、本科、研究生等学历教育；④休闲娱乐、知识百科；⑤中西方文化知识。

2. 资源建设

适合新生代学员的微型学习资源建设，是高校继续教育满足学员数字化学习需求的重要内容。移动信息技术的极大发展，冲击着传统的继续教育模式，为现代化信息资源建设提供了技术支持。移动信息资源建设要打破传统的教学、科研、管理的时空限制，建立不同学科、不同高校、不同国家的继续教育资源共享机制，为新生代学员提供主动获取知识的移动学习数字化资源、移动通信的学习环境，体现出高校继续教育的交互性、教学活动的情境性等现代化教育方式，新生代学员借助移动智能手机等移动学习设备方便快捷地学习、共享优质资源。根据学员的学习资源分类，提供线上线下相结合的供给方式，提供精准的个性差异化学习资源，从而满足学员学习的需求，促进移动信息技术的发展，创造更多的移动学习资源，提高高校继续教育的竞争力。

针对学员不同的学习资源需求，借助互联网丰富的网络信息资源，利用微信、微博、微课等方式，促进学员的职业技能、安全教育以及企业文化的学习，充分利用企业现有的学习资源联合高校继续教育，提供可操作的微型学习资源，调动起学员学习的积极性和主动性。

（三）学习平台建设

在互联网网络走进千家万户的信息时代，各种学习资源分类的学习平台，适合各个年龄段、各个阶层的学习平台已经应运而生。移动微型学习平台的技术框架构建，和我们网络教学平台的拓扑结构，在功能模块、业务流程等方面是相类似的，唯一不同的是利用的通信协议不同。因此，在推动学习平台建设中，不只是平台信息技术的建设，更重要的要落实到学习上来，提高对新生代员工的继续教育质量。学习平台建设的重心要从技术建设转变为育人建设。

高校继续教育要积极利用现有的微信、微博、微课、慕课等平台整合微型学习资源，利用移动终端、移动学习技术网络环境、移动学习平台、移动学习资源等构建新生代员工移动微型学习的平台管理体系，实现移动微型学习平台和网络教学平台、非正式学习和正式学习相互融合，形成新生代员工继续教育学习的综合学习平台环境。同时要让移动微型学习的学习主体在移动技术的人机融合的平台建设中，获得高质量、高标准的教与学的愉悦体验。

（四）教学设计

1.QQ开展微型教学

对于新生代员工来说，QQ对他们来说并不陌生，而且还是伴随他们成长的主要工作、生活交流工具。学员可以根据自己的学习需求，加入相关的群组里，就能随时随地地学习，还可以在群里互相交流、讨论学习，对于组建QQ群组的管理者来说，就要随时关注群里学员的学习情况，发布教育、教学信息，更新学习资料，督促群里学员的学习，有效提高新生代员工的学习效率。

2.微平台学习

现在学员常用的微信、微博、微课、慕课等微学习平台，学习内容丰富多彩、短小有效、趣味性十足，可以满足不同学科、不同行业、不同领域的学员自主学习，作为正式学习的补充学习，利用碎片化的时间给自己充电，有利于员工更多、更快地获取自己所需要的知识和信息，借助移动设备创造良好的学习环境，构建自己的学习空间，根据学员的具体问题、个体需求，选择不同的学习方式，实现学员学习的多样化创新教育功能，学员是为了解决现实的问题、提高自己目前岗位技能、提升自身的文化修养而进行学习的。

3.APP 学习

高校继续教育信息化建设下的新生代员工学习，更注重学员能力素养的培养、个性化的学习方式、深层次的学习资源，也会体现出数字化教学的便捷性。例如，我们关注的全科医生，是人们基本健康的重要守护人。目前我国全科医生的整体业务素质、医疗技术水平都有待进一步提高，要完善我国全科医生继续医学教育体系。为了缓解这种困境，2018 年 9 月由北京市健康委员会、社区卫生协会等社会组织共同启动了"百日练兵"活动，利用线上"百日练兵"APP 平台，开展了一次北京市全科医生移动学习活动。

活动得到了北京市 5033 名全科医生的积极参与，APP 平台建立了常见的高血压、糖尿病、呼吸系统疾病等 6 种疾病的 6 个模块知识库。在全科医生中间开展每日答题、微课学习、经典案例视频学习的百日学习活动，还设计了答题竞赛环节，增加了医生之间的趣味互动，还对"百日练兵"活动进行了问卷调查。通过这种形式的学习，不仅提高了全科医生的学习能力、医学技能，还对 APP 学习平台进行了一次考验，促进学习平台建设更加完善。

（五）教学评价

高校继续教育教学评价，也要随着教学环境、教学理念、教学内容、教学方法与手段等的教学改革不断地改进评价标准，要注重教学评价过程化，从多维角度来考核继续教育。移动微型学习活动也要从学员的学习兴趣、教学活动的微型化、学员的学习体验等方面的反馈来考核。移动学习主体范围的扩大，学习时间的延长，也为学员提供了灵活开放的终身教育环境，为构建学习型社会提供了强有力的支持。

四、学习支架设计

作为用在建筑行业的支架，借用到移动微型学习模式中，被隐喻为新生代员工在移动学习中的帮手——学习支架，即社会、家庭和学校提供给学生的学习帮助，是在学员学习过程中给予的经验性支持，促进学生建立起新旧知识联系并能解决手头的实际问题，学习支架随着学员自主学习能力的提升而逐渐消失。发达国家甚至开发出了一种有效教学的学习支架。

（一）学习支架设计原则

由于学习支架是针对新生代员工在移动微型学习模式中的应用，因此学习支架的设计要充分考虑到特定的成人教育对象——学员的因素，由于学员各自的学习背景、学习关注点等不同，学习又缺乏系统性规划、学习评价体系，因此学习目标不明确、学习时间比较松散，没有持续性学习的动力。因此，学习支架设计要遵循以下几个原则。①适时性。学习支架要在学员需要帮助的时候提供阶段性支持，以保证学员自我学习和自我发展的空间。②动态性。学习支架要随着员工的学习动机、学习进程的变化随之调整变化。③个性化。根据学员差异性的学习风格和学习水平提供个性化的学习支架。④引导性。引导学员学习，激发其学习动力、学习兴趣，提高学习效率。⑤多元性。体现在多元化的支架角色（教师、家长、社会、技术等）、支架方式和支架工具上。⑥渐退性。学习支架在学习任务完成后逐渐撤离，促进学员个体知识建构。

（二）学习支架内容

学习支架的内容包括以下四个方面。①目标方向。在明确学员学习起点水平、学习能力的基础上，引导学员树立正确的学习目标。②任务资源。帮助学员明确学习资源的主题范围，减少对海量资源信息的检索，完成学习任务。③评价诊断。在移动微型学习模式设计中，为学员提供学习数量、质量和效果等方面的自我评价诊断平台，帮助学员在学习过程中发现自己学习中的漏洞，及时有效地改进学习方法，提高学习效率。④方法策略。新生代员工的继续教育学习是在真实的工作之余提高自己，要为学员提供学习方法、学习情境、学习平台、学习策略等支架支持，促进学员自己的知识结构建构，提高学习效率，从而获得学习的快乐。⑤工具技术。现代移动信息技术的发展，智能手机、IPAD 等移动学习终端设备的广泛应用，都为学员提供了学习的技术支架，微信、微博、微课、慕课、各种 APP 的学习工具，也为学员参与学习提供了支持。⑥文化制度。互联网网络信息时代，作为企业工作者的新生代员工，要学习企业文化制度、企业理念、企业管理，培养员工的创新学习能力，提高企业的国际竞争力。

五、学习推进策略

移动微型学习在新生代员工继续教育中能否得到推广，需要现代教育技术与继续教育深度融合，促进正式学习与非正式学习二者统一的数字化教学支撑环境建设日趋完善；更需要政府及教育主管部门出台更多的扶持政策，高校、企业关于移动微型学习在继续教育应用中达成充分的共识，能够相互配合、协同创新，搭建校企联盟移动微型学习平台。为此，有必要从政府、高校、企业三个维度提出移动微型学习在新生代员工继续教育领域的推进策略。

（一）政府

党中央、国务院对教育信息化建设高度重视，信息化建设也成为国家的战略目标。在十九大报告中提出要加快教育信息化发展，把教育事业放在优先发展的地位。"互联网"行动计划、大数据发展行动纲要等有关政策先后出台，我国在《教育信息化十年发展规划（2011—2020年）》中提出了终身教育体系，高校继续教育作为公共服务平台，实现数字化信息时代的资源共建共享，政府部门在信息化建设中提出移动微型学习作为高校继续教育的新模式。政府部门要积极发挥主导作用，推动校企合作的持续开展，鼓励移动通信运营商积极参与网络信息化建设，搭建移动信息交流平台。5G技术于2018年的世界互联网大会上惊艳亮相，经过一年的5G与制造业的技术转化，5G平台将会有广阔的应用空间。2019年第六届世界互联网大会上，乌镇道路上行驶的无人驾驶汽车，通过5G网络的远程操作，实现了在道路上车辆的避让、十字路口的准确停车与启动、到达目的地以后准确地驶入预定的车位。政府要积极鼓励这种互联网信息技术在高校继续教育中的运用，推进信息技术现代化的发展。

（二）高校

在党和国家对教育信息化发展高度重视的前提下，高校继续教育也迎来了大数据时代的到来，大数据海量的信息资源和对数据的收集、分析，为高校继续教育学习模式创新提供了更大的发展空间。高校继续教育，是相对于正式的学历教育而言的一种学习补充，移动微型学习是以新生代员工为中心的个人自主学习模式，能够很好地解决员工工作和学习之间的矛盾。高校要积极推进继续教育信息化建设的创新改革，推动移动微型学习模式的员工培养，整合现有资源构建微型学习平台，为员工提供实用有效的微型学习资源，丰富新生代员工继续教育教学手段，促进学员养成自主学习、终身学习的好习惯。

（三）企业

在企业中的新生代员工是移动微型学习的主体，企业要积极推动移动微型学习模式构建和学习平台建设，这样企业可以最大化地利用培训资源、降低培训成本、提高工作效率。具体应用到企业的实际工作中，可以鼓励员工利用碎片化时间进行学习、岗前培训，鼓励员工积极参与到学习资源的选择和制作中，充分调动员工参与学习、参与资源建设的积极性，还可以在政府的帮助下，和高校继续教育合作，共建共享学习资源，丰富员工的学习资源，共同推动继续教育的信息化建设。

从1987年成立后的30多年来，华为一直是ICT领域技术领导者，华为在运营商业务领域，服务全球超过三分之一的人口；在企业业务领域，覆盖政府及公共事业、运营商、能源、金融等行业；2018年华为企业通信将AI作为产品核心竞争力，积极利用AI技术为用户实现智能化的企业通信协作体验，华为云在软件上专注于大量的架构和核心算法、硬件上专注于抓好构架和芯片，积累了深厚的软硬件和数据中心基础建设的经验，在云2.0时代，华为云利用领先的技术水平、全球化的运营能力和世界级的品牌影响力，联合合作伙伴为全世界大中小型企业打造极致性价比的智能云服务。

到2019年，企业通信市场向云转型的趋势愈发明显，企业云通信已经成为企业的信息中枢，云部署的企业通信市场占比将达到56.7%，而华为企业通信业务在中国区份额已经连续六年第一，市场占比接近40%，很多行业将华为作为企业通信的第一品牌，华为企业通信业务又将着力开拓海外市场，华为利用自己的企业品牌，应用领先的技术，构建和谐商业环境，实现自身的健康成长。

在华为深圳总部建有一座单独的大型建筑——华为大学，是专门为华为员工提供继续教育的教育机构，华为大学的课程设置据说超过了25000种，满足了华为员工继续教育学习和培训需求。

第二节 翻转课堂学习模式

一、学习背景

2014年的现代教育模式之一就是翻转课堂，不仅在普通高校中普遍推广，而且随着信息技术的不断发展，在高校的继续教育中也逐步引入翻转课堂学习模式。"翻转课堂"是将传统课堂的课堂讲授翻转成"课前网上学习，课中讨论"的教学模式，是传统课堂和在线教学相结合的有效课程学习方式，是一种"知识传递—内化吸收—知识升华"的教育创新改革。

翻转课堂得以实现的基本条件就是信息技术的支持，教学过程中以学生自主学习为主导，将课堂转变成学生学习的场所，学生快乐地接受、吸收新知识。在高校继续教育领域，学习的主体对象是企业的在职工作人员，80后、90后的网络原住民居多，他们是在互联网时代成长起来的，智能手机、IPAD等移动设备是他们必备的生活和学习工具，再加上信息技术在教育领域的广泛应用，使得翻转课堂学习模式在高校继续教育信息化建设中首当其冲地成为学生乐于接受和喜爱的一种学习方式，也使得翻转课堂教学模式在高校继续教育中变得可行。

翻转课堂的学习步骤有三步：①课前学生可以自由选择时间和地点观看教学视频，初步了解和掌握所学课程内容；②在课堂上，教师对课程内容进行深入的讲解，师生之间可以分享问题、交流心得、互相讨论，充分掌握所学知识；③课后，学生在对所学知识进行巩固和复习的时候，可以反复观看教学视频，进一步深刻理解知识内容。

翻转课堂教学模式普遍应用在中西方教育教学中，美国在中小学教育直至大学教育教学中都积极推广采用翻转课堂教学；在我国的重庆、深圳、广州等城市也纷纷建立翻转课堂的教学试点。2018年9月，北京师范大学与希沃在广州签署战略合作协议，基于希沃的"易课堂"产品在广州实验学校开展翻转课堂教学模式研究，他们从2018年5月份开始接洽，用了将近4个月的时间，针对信息化教育产品分阶段开展全面合作，利用北师大的科研资源和希沃的技术资源，共同探索翻转课堂教学新模式，实现教育从知识传递到自我发展的深刻改革，使得教育信息化教学改革全面提升。

二、学习可行性

（一）满足学生学习需求

互联网信息化时代的到来，各种网上教育培训也层出不穷地出现在我们的视野中，作为继续教育的学生也有了更多的选择，如远程教育、网络课程、微课、各种APP学习资源，由各大知名院校教师强力组合的MOOC平台网络课程获得了更多渴望接受大学教育的学生的青睐，他们可以通过学习考试获得学位证书。激烈的网络教育培训市场满足了继续教育学生的学习需求，同时也对高校继续教育信息化建设提出了更高的要求。

在学习资源和学习模式上，需要有更加适合学生的具有趣味性、实用性的微型学习资源，要有更加灵活快捷方便的学习方式，利用碎片化时间进行学习充电，解决工作和学习的矛盾，要具有现代教育意识，用通识教育的理念完善高校继续教育教学。基于移动微型学习平台，翻转课堂学习模式也逐步被人们认识和认可，满足继续教育学生微型学习需求。

（二）创新教学模式

中国的教育信息化从2018年开始，信息化带动了教育现代化，我国的高校教育全面进入融合和创新的2.0阶段，教育方式伴随着每一次重大的技术变革发生着变化，工业化时代的教育模式很难适应信息化时代的对人才培养的需求，我们要进行教育体制系统的重组和改革，5G、AR、VR的发展，为继续教育提供了强有力的技术支持，未来教育是优质资源共享的智能教育时代，智能教材、同步课堂使得优质的教学资源得到了共享，我国慕课的应用规模、资源得到了全世界的认可。

创新高校继续教育教学模式，重要的还是师生角色的转换，要以学生为中心，学生是课堂的主角，教师指导着整个教学活动的过程，同时也是组织者，教师要积极研究、融合优质课程资源，要学会用人工智能来进行教学，注重能力教育，改变高校继续教育方式、教育环境。在西安电子科技大学有一间全天开放的智慧实验室——AI+模电实验室，学生的一切学习活动全部由人工智能协助完成，现代化的教学模式、新颖的教学方式，提高了教学效果，也提升了学生的工程素质。

（三）引入翻转课堂

在信息化时代的高校继续教育教学中，我们要打破课堂教学排排坐的听讲模式，打造智慧课堂，引入翻转课堂。翻转课堂的概念是在2007年由美国的两个化学教师提出来的，将传统课堂知识讲授放到课堂外的视频教学中，而在课堂上通过师生之间、学生之间互相解答学习中的疑问，使知识内化、转化为运用能力，充分利用在教师主导下的学生自主学习的课堂教学新模式，培养学生的沟通协作能力、批判性思维能力、创新能力以及计算机思维的能力，以适应未来人才的需求。

三、学习模式设计

高校继续教育信息化建设下的翻转课堂学习模式，课前的视频教学网络资源更加精准地对应学生学习的各种需求，学生可以利用工作之外的零散时间安排学习，使得学生对教学内容有一个清晰明确的课前预习；课堂上的网络课堂和课堂讲授讨论教学互相融合应用，促进了学生对知识的消化吸收。翻转课堂重视正式学习与非正式学习的相互融合，得到了学生的青睐。

（一）打造学习交流平台

目前高校继续教育中的翻转课堂教学，有一部分网络教学平台的视频内容，生搬硬套了教学中的课程内容到互联网上，还是传统的课堂讲授那一套东西，而且视频时间还是原来一节课 45 分钟左右，教师站在讲台上讲授冗长的课本知识，没有细分知识点，这样的视频教学不仅不能吸引学生，还大大浪费了学生的时间，不利于学生的碎片化学习。

因此，在信息化时代的当今，翻转课堂的移动微型学习要充分整合现有的互联网教育资源、教育平台，从信息化技术建设回归到学习中，优化资源整合，共享优质资源，开展高效、易行的翻转课堂教学。高校继续教育中支持翻转课堂的移动学习平台，如图 4-3 所示。

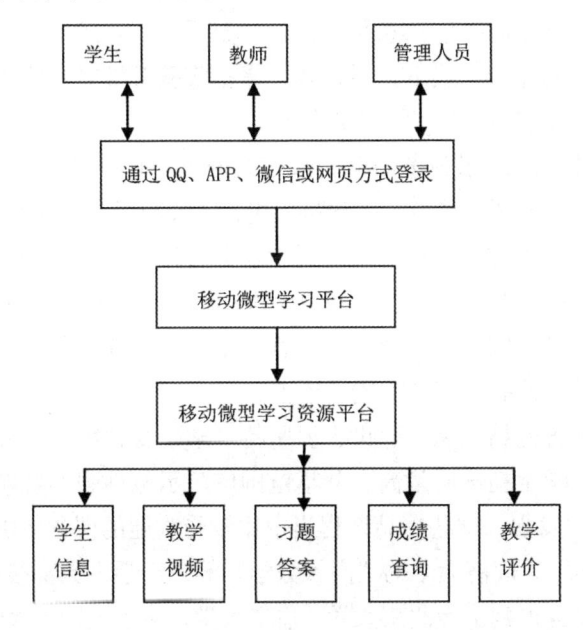

图 4-3 支持翻转课堂的移动学习平台

学习交流平台的学习主体学生、教师可以通过智能手机、IPAD、笔记本电脑等移动设备，通过学习平台或者网页登录方式登录到学习平台上，就可以开始自己观看视频学习了。在学习资源平台上，其功能和传统的网络教学平台有很多相似，可以查询学生的基本信息（注册登录时间、交费情况、截止日期等信息)、教学视频学习信息,还有练习、成绩查询、教师对学生学习的评价等信息,都可以随看随学随查。视频教学中丰富多彩的学习资源,灵活的学习时间,使得功能强大的翻转课堂学习受到了继续教育学生的欢迎,信息技术强有力的保障,更有利于实现高校继续教育信息化建设的开展。

(二)建设精品课程

在高校继续教育的翻转课堂学习模式中,教学视频的质量和练习资源是非常重要的组成部分,课前的教学视频学习是学生学习的主要内容,在学习平台上还有练习题可以巩固所学的知识。要不断完善高校继续教育机制,以适应新媒体时代学生的网络学习需求,创建更多的网络学习途径,开发优质的网络学习资源,建设精品课程,更新视频学习内容,满足学生个性化学习需求。国内外知名的精品网络课程有:Audacity、Courser、EDX、爱学习、有道精品课、学而思网校、慕课等,实用、短小、精悍的课程安排,吸引了大量的学习者在网络上进行继续学习教育。国家也启动了智慧教育示范区的建设,淘汰"水课""水师",建立起适应信息化时代的"金课""金师",进行高校教育课堂教学的改革,构建线上线下、混合式、虚拟实验等课堂"金课"模式,充分融合信息技术,促进教育教学的课堂创新。

2018年1月15日,我国教育部首次正式推出490门国家精品在线开放课。已经公开的在线开放课,涉及了多学科,包括人文科学、理工科、职业教育等,具体的课程安排有西方文明史、中国哲学经典著作、汽车发动机原理、航天器控制原理、中式面点制作等,也有相关的教学视频。2019年4月又有801门精品课程荣获第二批国家精品在线开放课程,中国"慕课"数量已经位居世界第一,也向高质量的精品"慕课"建设迈进。

高校继续教育的精品课程建设,要坚持"学生受益第一、开放共享为先"的基本理念,为学生精选质量高、共享范围广、示范性强的视频教学课程,在2018年的调查中发现,这些精品课程当中比较受欢迎的课程像国防科技大学的"大学英语口语"、同济大学的"高等数学"等,选学人数都接近90万人次。精品课程的建设也得到了像北京大学、清华大学、哈尔滨理工大学等一流大学、一流教师的大力支持和积极参与。

(三)设计合理的教学过程

学生的自主学习,是高校继续教育的一种学习形式,通过翻转课堂的课前、课中、课后三个阶段的自主学习,设计出翻转课堂的合理教学过程,帮助学生更好地完成继续教育学习。

"智课"是"智课教育集团"旗下的出国考试翻转课堂品牌，智课的主要教学模式就是"翻转课堂"，和各大高校继续教育、国际学校、教育培训机构联合为学员提供雅思、GRE、托福等出国考试学习服务。从 2017 年起，它就和中国矿业大学（北京分校）达成战略合作，基于"智课 Inside"线上学习资源，为矿大的继续教育搭建了出国学习的空间，探索矿大学生翻转课堂学习新模式，为学员提供标准化的出国考试语言学习测评。智课 Smart 学习系统中含有 12800 个知识点、专家课程、150 万个题目的出国考试题库，学生可以在 Smart 系统中学习各种语言知识，还可以进行选择性的做练习，实现"一人一课堂，一人一名师"的个性化学习，同时还可以接受线下个性辅导，这大大提升了学生的国际竞争力。

1. 课前

翻转课堂的课前学习。学生登录学习平台，基于云端、学习平台存储的高质量、标准化的专家视频课程，学生可以自主在线学习权威的课程、自己需要的内容，还可以在交流平台进行各种问题的交流、沟通、讨论，完成标准化的知识输入。在平台还有基于知识点的在线练习，学生在学习完成之后可以在线练习，强化对知识点的运用和掌握。学生每次学习开始的时间、结束的时间和学习过程、练习结果都会在系统中记录和反馈。系统中，教师会对学生提交的作业进行一对一批改，对于外语口语和写作会逐句点评，最后形成一份综合的学习报告，对学生本次学习进行全面的分析和点评。

2. 课中

翻转课堂的课中教学方式，和纯粹的网络教育、传统的高校继续教育都有着明显的不同。学生通过移动微型学习平台对所教授的课程进行了提前自主学习，因此翻转课堂中的教师不再讲授这些知识点，而是针对学生在学习过程中遇到的问题组织课堂讨论和学习，完成知识的内化和升华，同时也培养学生的沟通协作、分析问题、解决问题的能力。因此，在翻转课堂中的教师，要耐心、专业、细致地解答学生的问题，而对教师的教学能力和理论水平不用苛求，这部分教师也可以由兼职的教师、在读研究生、网络课程讲授名师参与到翻转课堂的教学中来，实行弹性学习上课时间和上课次数，由师生双方共同协商决定。

智课教育的师资队伍建设也具有权威性，都是行业最具权威的出国考试培训专家，这些教授专家的平均教学经验都在 10 年以上。翻转课堂的课中教学，坚持以学生为中心的教学理念，按照学生需求制定教学方案。教师通过平台云端系统的学生反馈结果，通过在线一对一的直播互动教学，教学过程中实现课件、板书、摄像头同步开启，个性化地解决每个学生的问题，完成对每个学生的针对性教学辅导，针对本次学习过程表现和在课堂上学生的互动表现，客观反馈每个学生的学习情况，有效地提升了学生的学习效果，真正实现了针对性、个性化教学辅导。

在高校继续教育翻转课堂中，要特别重视"课中"学习。一方面，移动微型学习中的学习资源没有系统性，且呈现无深度的平面化发展，学生没有很强的自主学习意识，通过课堂中教师的点评和师生间的问题讨论，可以弥补学生在课前学习知识点的遗漏，提高学生的学习效率；另一方面，对教师也提出了新的教学要求。继续教育学习的主体是在职员工或者需要学历的学生，因此课堂学习可以构建知识体系，改变学生学习的目的，真正从翻转课堂教学中学到新的知识和技能，实现高校继续教育的育人功能。

3. 课后

通过"先学再教、先练再教"的翻转课堂学习后，学生针对个性化和针对性的系统反馈和教师反馈、数据结果分析，完成对问题的分析和解决，按时保质保量地完成学习任务。课后还要温习知识点，对问题进行总结和内化，通过移动微型学习平台进行趣味性的综合学习，提升自己的综合能力和文化素质。学生参与继续教育的另一个重要原因是通过学习认识更多的人，交到更多的朋友，学生通过互动交流的 QQ 群、微信群进行同学之间的沟通交流，增进彼此的感情，也能拓展自己的交往圈。同时高校继续教育还可以组织线下拓展活动，增强学生之间的交流，达到学习的同时还增进人际关系的目的。

第三节　校企共建共享课程资源

一、继续教育开放课程研究现状

我国的中小企业是我国社会经济主体的重要力量，也是落实"人力资源强国战略"的重要阵地。中小企业的核心竞争力也是人才的竞争，在 2013 年教育部的工作要点中，也提出高校继续教育信息化建设要与企业的继续教育共建共享课程资源，高校继续教育信息化还是终身学习和学习型社会的重要体系支撑，高校教育信息化是全社会公共服务的平台。在国家重视、政府号召下，高校面向企业的继续教育日益受到人们的重视，越来越多的高校和企业都加入校企共建的队列中来，积极探索校企共建的教育教学模式。

我国的优质高等教育资源在教育环境、教学内容等方面都是有限的，而信息化时代的到来，呼吁要开放高等教育资源。高校教育在"开""放"之间也在徘徊。个别高校在开放校园后，校园内就涌来大批的社会人员参观学习校园环境、校园文化、校园课堂，影响了高校在校生的正常学习和生活。

在线开放课程在很大程度上缓解了社会的这一矛盾，名校教师出现在开放课程的视频教学中，从社会角度来看满足了知识传授的需求，也达到了开放高校优质教学资源的双重目的。目前开放课程存在的问题有如下几方面。

（一）与传统课堂授课不同

开放课程与传统形式的课堂授课有很大的不同。在线开放课程需要学生和员工主动搜索自己喜欢的课程并且注册，才可以学习，由于是自主学习，只有认真主动地学习开放的课程，才能学到自己所需要和感兴趣的知识，提升自己的知识水平。

（二）缺少互动

现有高校继续教育在线开放课程，都是单向的教师教授环节，缺少互动环节。听课学习的人员在学习过程中会有疑问，这时候就不能像传统课堂那样随时提出，也不能像学习平台那样可以随时交流沟通，缺少了师生之间的互动学习。师生之间的互动沟通，是任何一种教育模式都不能缺少的，这才能体现出教与学的教育目的，才更能体现出开放课程的价值。

（三）维护在校大学生的学习权利

高校陆续开放的在线学习课程，是对校外人员学习的一种补充，不能影响在校大学生的正常教育，要加强对传统课堂的管理，维护高校教育的正常教学秩序。在校大学生都是通过选拔性考试进入高校的，这些大学生学习的权利，也是公共教育资源合理分配的一种形式，要充分保证在校大学生的教育教学资源，控制社会人员出入高校课堂也是推广在线开放课程的目的之一。

二、企业员工学习需求

校企共建中的企业教育，主要是对企业中的员工进行继续教育，提高员工的科技文化素质，提高员工的职业技能，最终提高企业的经济效益。因此企业教育具有产业性、职业性等特征，要在校企共建共享的课程教育中体现企业教育的特征，实现校企共建的强国战略。

（一）内容简洁实用

目前的高校继续教育对企业开放的教育课程中，还是以理论基础知识为主，以学科知识为中心，讲授的课程内容还是和高校课堂中讲授的相似，而忽视了企业教育的特点，与企业转型期需要的课程学习相脱节，课程内容、案例更新的速度慢，脱离了企业实际需要，导致企业对高校继续教育培训失去了信心，转而投入更多的人力和财力去直接招聘企业需要的人才。

企业员工的学习，要灵活设置课程教学内容，重视培养企业员工的基本技能和应用能力，要在专业理论讲授的时候联系实际案例，提高员工的管理能力、职业岗位技能。要提高员工对继续教育的学习培训热情，积极促进校企共建。

（二）融入企业行业文化

企业是社会市场经济中的参与主体，在企业运行的过程中产生了企业自身的企业文化、行业文化，相对于社会文化，企业文化是超前的，行业文化更是体现了时代发展的需求，是企业和员工共同遵守的行业道德规范。因此对企业员工的继续教育要反映出时代的特征，行业、企业的文化特征，适应时代的发展。要在高校开放的系统性、理论性的课程中，融入企业文化，联系企业发展的实际情况，解决员工工作中的实际问题，这样才能得到员工的认可，得到企业的认可，从而更好地促进学校和企业的合作共建。

（三）教学模式多样

信息化时代的企业员工教育，要创建多元化的教学模式，利用多媒体、5G、智能化的网络教学手段，采用网络学习平台、在线学习等多种多样的教学模式，调动企业员工学习的主动性和积极性，在高校继续教育专业教师的引导下，融合企业教育的特征，提高教学效果。

（四）考核机制有效

有效考核才能激发企业员工的学习积极性，才能获得更好的教学效果，教育培训才能得到企业的认可。开放课程教学中，要重视员工的应用能力（销售能力、管理能力、岗位技能等）考评，使得员工能够学以致用，提高员工工作效率，促进企业生产发展。要改革现有的课程考核方式，实行学校和企业共同考核。通过增加企业或者行业协会参与课程考核的机会，来实现企业员工开放教育的教学目标，向培养"学历+技能"的复合型人才转变；同时，积极鼓励企业员工考取职业资格证书，通过证书顶替的方式可以免修、免考部分对应的课程。

三、建设途径

（一）校企共同参与

校企共建共享的课程建设，要适应区域经济发展和产业结构调整，融合区域行业企业特色、企业文化等企业相关的实际情况，将企业的岗位技能要求融合到教育内容中，课程设计采用行动导向、项目教学等方法，要注重培养企业员工的岗位应用能力和职业技能。

在课程建设中企业要参与到员工的培养过程中，参与到高校继续教育的教学工作和课程设置中，高校要按照行业标准培养企业员工的工程能力和创新能力。企业教育课程资源的构建和教育部制定的卓越人才培养计划相互促进，卓越计划课程的安排、教学计划等教育教学内容同样适用于企业教育的课程构建。校企共建共享的课程资源同时适用于企业员工和在校学生的自主学习，因此在构建校企共享课程资源中，学校和企业的相关部门都应该积极参与，进行课程设置、开发和建设，共同建设适合企业员工学习的教学课程、实验课程。

（二）两种学历课程的融合

高校继续教育分为学历教育和非学历教育，这两种教育互相制约又互相促进。企业员工在学习和培训中，根据自身的情况，选择学科课程。共建共享的课程就要充分考虑到这两种学历教育的互用性，只要这两种学历教育中有共同的课程时，在学习培训中就可以互相免修，即学历教育中已经学习过的课程，在非学历教育中就可以免修这门课程，同样，企业员工在进行非学历培训合格后申请学历教育时这门课程也是可以免修的。这样企业员工在选择课程时就会非常重视，也会产生较好的自主学习效果。

进行课程考核时，要将企业需求放在首位，结合企业员工学习的特点，注重"学测评导"一体化考核模式。企业员工在完成新知识的学习后，就紧跟着在线测试，即时做出测评，在培训合格后再进入下一个知识点的学习。学习和考评要逐步进行，及时更新学习内容和考核标准，保证课程学习的质量和考核效果，适应企业当前的发展需求。

（三）共建共享资源

我国高校为了提高教育质量和解决学生就业问题，要和相关专业的企业合作共建，整合学校的专业教学优势和企业优势，为学生创造良好的学习环境，也为企业员工的继续教育和培训提供优质的资源，实现了校企资源和信息的流通，实现了校企双方的共赢模式。

校企共建共同培育优秀人才，实现校企双方需求的无缝对接。例如，贵州万通汽车教育在 2019 年推出两季"校企共建班"，联合各个汽车行业企业（吉利、奥迪、宝马等），使得学生学到了多元化的内容，也为学生实习实践提供了丰富的经验。同时开设"校企共建定向班"，企业会向学校提供助学帮助，也会安排企业内部的讲师到学校进行宣讲，定期开展丰富的课程内容讲解活动。

校企共建共享机制由四个要素组成：教育理念、技术规范、制度建设和后续服务，如图 4-4 所示。

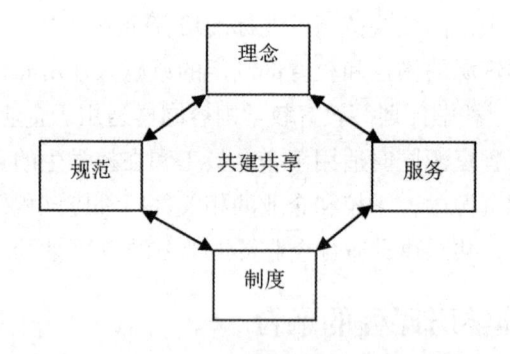

图 4-4　共建共享机制

我们在校企共建共享课程资源建设中，要充分重视共建共享机制中的四个要素，明确校企共建教育理念，构建自主学习、开放、交互协作的共享课程，采用统一技术规范去开发共享的课程资源，尊重知识产权，只有知识产权清晰，利润分配合理，才能消除学校和企业在网络教学资源共建共享方面的顾虑，更好地调动企业参与课程建设与应用的积极性。提供后续的网络支持服务，保障校企共建共享课程的有效利用，为企业员工学习提供服务，充分利用学习平台在线答疑解惑，促进校企双方共同的发展。

第五章　新时期高校继续教育的发展战略

随着社会的进步和经济的发展，社会竞争日益激烈，继续教育工作越来越受重视。继续教育是阶段性与连续性学习相结合的教育。本章主要包括高校继续教育面临的机遇、高校继续教育发展的重新定位、高校继续教育发展的品牌战略三部分。其主要内容有社会发展的需要是高校继续教育发展的外部动力、转型期高校继续教育定位存在的困境、高校继续教育品牌战略的主要标志等。

第一节　高校继续教育面临的机遇

一、社会发展的需要是高校继续教育发展的外部动力

继续教育是20世纪30年代，从美国的一个新的教育工程发展而来的，这一教育工程是针对结束学校教育之后的成人开展的教育活动，主要目的是更新知识贮备、改善知识结构、增强创新能力。现代社会，学校时期的"一次性"教育不能满足社会发展的需要。因此，发展继续教育是世界大趋势，发展前景十分广阔。

改革开放之后，我国的各项事业都不断发展，目标一个接一个地实现。但是，社会在发展，时代在变化，当今时代的主题是和平与发展，知识经济的作用越来越重要。我国全面建设小康社会、推进社会主义现代化建设，需要加快经济发展方式的转变、走新型工业化道路、提高劳动者素质、促进科技发展，而人才是实现这些的智力支撑。虽然我国人口众多，人力资源丰富，但是人力资源水平与先进国家相比，还有很大差距。我国如何从人力资源大国转变为人

力资源强国，是全社会都应该认真思考的问题。这一点关系着我国未来的发展和国家综合国力的提升，因此，我们需要培养出数以万计的高素质人才，实现国民文化素质的全面提升，重点选拔拔尖人才。然而理想和现实总是有差距的，制约我国经济社会发展的关键性因素就是人才缺乏问题，特别是拔尖的创新型人才。从目前高等教育的人才培养情况来看，无论是数量、质量还是结构、规模，都不能满足社会发展的需要。

近年来，成人教育逐渐发展成为社会发展的主力军，承担着国家经济、政治、文化的实际工作。成人的职业道德、专业技能直接影响其工作岗位的效果和功效，也间接影响着国家的发展，因此，必须要加强对在职人员的教育和培训。推行成人教育，往往是根据成人的实际情况和特点，需要什么就教什么。在这种思想影响下，教育一直被视为"崇高的社会公益事业，教育产品是公共产品，不能商品化"。但越来越多的学者认为，高等继续教育机构应当走产业化道路以及以市场化方式实施继续教育。

社会体制的开放首先是经济、科技制度的开放，然后影响到文化、教育制度的开放，最后是政治制度的开放。开放的事实表明，社会体制的开放，主要体现为外向化乃至国际化的倾向，在这样开放的背景下，人们要适应开放的形势，就得接受继续教育，实现智能素质的战略性转变，即由内向型向外向型乃至国际通用型转变。可见，人们这种智能素质转变的要求成为继续教育发展的强有力动因。

目前，我国的产业结构、就业结构、职业结构都随着社会的转型、经济的发展以及科技的进步逐步发生变化。同时，这些转变影响着人们的思想观念、价值取向、行为方式。要应对这些问题，仅仅依靠学校教育是解决不了的，那么继续教育就需要承担其应有的责任。如何发展高校继续教育才能适应社会和经济的发展，是我们面临的首要问题。

二、政府的重视是高校继续教育发展的组织保障

在我国，政府颁布了与鼓励投资教育相关的政策，营造出了良好的社会氛围支持高校发展继续教育。相关政策中明确指出，高校继续教育改革，要转变继续教育观念，加大继续教育人力、物力的投入，在稳定发展学历继续教育的基础上，大力发展非学历继续教育。各高校要充分认识到这一环境优势，积极开展高校继续教育，实现可持续发展。

从本质上来说教育是一种公益性的事业，那么教育的发展就必须依靠政府

的支持。在一段时间内，我们尝试过将教育推向市场，走上产业化发展的道路，虽然在一定程度上促进了教育的发展，但是也带来了不容忽视的问题。这一背景下，教育公平问题逐渐成为社会关注的热点问题。这也充分说明，在发展教育的问题上，政府需要承担起自己的责任，要加强对教育事业的支持，增加教育投入，尤其是要帮助贫困地区。现在国家提倡终身教育，其中的重要组成部分之一就是高校继续教育，用于满足人们的教育需求，增强人们的技能素质，进一步推动社会的发展。目前，很多国家都设立立法来支持继续教育，以此来保障继续教育的可持续发展，这也充分体现了各国对继续教育的重视。

从20世纪60年代开始，教育机会均等的重要性受到了越来越多的国家认可，并开始积极发展继续教育，成立相关的教育机构，制定与之相关的法律法规，增加财政投入，加强管理。例如，美国的继续教育委员会、法国的继续教育局、中国的成人教育司等。目前，我国颁布的与教育相关的法规，基本都是与学校教育相关的，对校外教育的相关规定较少。成人教育方面更注重的是学历教育，且其尚不完善。因此，我国应该尽快完善对继续教育的权利与义务的相关规定，紧跟时代步伐，促进高校继续教育的发展。

我国继续教育立法起步较晚，与其他国家相比，专门的继续教育法和系统配套的继续教育政策法规建设显得尤为薄弱。为了加强继续教育的稳定性和持续性，应借鉴教育强国的经验，加强继续教育法规建设，确立继续教育的重要地位，明确继续教育相关者的权责和义务，确保公民和个人在接受继续教育方面应享有的权利，保证对继续教育人力和财力的投入，明确经费来源和保障条件等。各地应从实际出发，制定和完善地方性继续教育的法规。行业和企事业单位需结合需要，制定落实继续教育法规的具体措施。

三、继续教育自身发展是高校继续教育发展的重要条件

20世纪70年代后，继续教育发展进入"黄金时代"。受社会、政治、经济、科技等因素的影响，继续教育迅速发展。社会竞争日益激烈，人们开始意识到创新能力是影响经济发展、提升竞争力的关键，意识到科学发展除了影响技术和产业的发展，还影响着教育事业的发展，意识到我们应在大力发展初始教育的同时，也要大力发展继续教育，意识到影响人类生存和发展的除了资金资源和自然资源之外，还有人才资源和知识资源。因此，继续教育迅速引起了世界的广泛关注。

高校可以在相关专业的基础上发展继续教育，这样高校的继续教育就能够

依托相关专业开展，有所依靠。在过去的一段时间，大部分的高校开展的继续教育雷同现象比较严重，千篇一律，没有自己的优势专业。随着教育的不断实践，人们开始提出对高校继续教育的建议，在摸索中不断前行。经过多年发展，很多高校已经树立起自己的品牌专业，有很多亮点和强项，能够充分发挥学校优势专业的力量，带动其他专业的建设，全面提高教育质量。现代继续教育，发展品牌专业，不但符合市场发展，而且切合行业需要，稳定性强。

现在，人们的教育观念发生转变，对终身教育的需求开始增加。因此，继续教育的对象、定位、方式等正在发生新的变化。未来继续教育的发展趋势：一是继续教育的办学机构更自主，依据国家发展战略，服务地方经济建设和满足人民群众多样化的学习需求；二是继续教育办学体系多元化发展，无论是纵向还是横向，是学历继续教育还是非学历继续教育，都将实现沟通衔接；三是深化改革人才培养模式，重视学习支持服务，创新灵活多样的学习方式和方法；四是优质资源整合与共享，将探索建立学分银行制度，作为国家战略层面的重要行动，使人人在学习、终身在学习，推动学习型社会的建设。

第二节 高校继续教育发展的重新定位

一、转型期高校继续教育定位存在的困境

（一）高校继续教育的目标定位缺乏系统性

高校开展继续教育有其本身的目标体系，具有较强的系统性。要对高校继续教育进行定位，先要把握高校继续教育的目标体系。首先，高校继续教育是高等院校教育实践工作的出发点，主要强调高校继续教育的作用。其次，高校继续教育的主要目的是培养出符合社会发展需要的人才。一方面，高校继续教育的目的体现的是国家的教育观，反映的是社会发展的需求，同时也指引了高校继续教育改革发展的方向。另一方面，高校继续教育的目的决定了高校继续教育的性质和发展方向，同时，也是高校继续教育要遵守的原则。

1. 培养目标

高校继续教育的培养目标是高校继续教育目标系统的一个重要组成部分，体现的是高校继续教育的目的，起着衔接作用。各个高校都有其鲜明的办学特

色，每个学校自身情况不同、专业设置不同，教育对象也存在差异，各高校的培养目标也不同。因此，高校继续教育的人才培养需要遵循人才的成长规律，尊重学生之间的差异性，坚持具体问题具体分析，发展自己的办学特色。但是，现在高校开办的继续教育，普遍都是重视人才技能方面的培养，以实现短期目标为主，忽视了人才培养过程中短期目标与长期目标的统一性。

2. 教学目标

高校继续教育的核心就是教学目标，是对课程的具体化，是对教学活动进行评价的依据。教育者依据教育大纲和教学内容来确定教学目标，然后采用适合的教学方法对受教育者开展实践教学活动，最终实现教学目标。切实可行的教学目标是高校继续教育培养人才的保障，同时，也影响着教育活动和教学方法的选择。但是，目前大部分的高校在继续教育实践中都没有重视教学目标，在教学过程中没有严谨地落实教学目标，有一定的随意性。

（二）高校继续教育的对象定位缺乏科学性

教育对象是教育活动的主体，一切教育活动都是围绕教育对象展开的，没有教育对象，一切都会失去价值。目前，制约高校继续教育发展的问题之一就是高校对继续教育对象的定位问题。其主要表现在两个方面。一方面，教育对象不明确，影响整体教育活动的教育效果。教育的对象是人，而人是存在差异性的，包括人的年龄、阅历、知识、智力等方面，对不同层次的人进行同样的教育内容会产生不同的反映，影响教育活动的实效性，所以继续教育要尽量做到因材施教，才能提高教育质量。另一方面，教育层次的定位不科学、不完整。目前，高校采用的继续教育模式，只是单纯地将继续教育的层次定位于学历型人才的培养，与当今时代的发展不相符，同时也忽视了教育对象的需求，出现了供需错位的现象，导致继续教育跟不上时代的发展，阻碍经济社会的进步。

二、转型期高校继续教育的系统定位

（一）性质定位

21世纪以来，经济社会快速发展，教育问题成了人民群众关心的焦点问题。在高等教育大众化的时代，高校继续教育必须具有其时代特色。高校继续教育这一概念本身就具有高等性和社会性的双重属性。所谓高等性，指的是高校继续教育的层次问题，它是高层次的教育，这是从教育层次的角度定位高校继续教育的性质的。所谓社会性，指的是高校继续教育的类型问题，继续教育是终身教育的重要组成部分，它是成人教育活动，这是从教育类型的角度定位高校继续教育性质的。总的来说，高校继续教育的性质与其他教育不同，想要更加准确地定位高校继续教育的性质就要从概念的内涵与外延进行分析，以全面正确理解高校继续教育的性质问题。当然，事物的性质也不是固定不变的，它会随着一定的条件不断丰富。所以高校继续教育的性质还是要在具体的理论研究和实践中不断探索，这也是高校继续教育的一个性质特点。

（二）目标定位

高校继续教育要想可持续地健康发展，必须明确自己的发展目标，并且目标必须切实可行。因此，高校继续教育的目标定位，不仅要从实际出发，更要进行全方位、多角度的考虑。高校继续教育目标定位首先要关注的问题就是要培养什么样的人，高校继续教育与普通教育不同，它属于高层次的教育，但不能说高校继续教育培养的是高层次的人才，高校继续教育培养的是高级的专门人才。在这一点上，高等继续教育不能发生越位。总的来说，高校继续教育的目标定位要符合时代要求，以服务实际工作为主，注重科学化、合理化、多元化，满足社会发展对人才的需求。同时，高校要树立质量意识，努力提高教育质量。

（三）机制定位

1. 多元化的投资主体

高校继续教育的办学模式和管理体制，都需要有一定量的资金投入，否则高校继续教育将无法运转。而高校的资金是有限的，所以需要多元化的投资主体。本质上来说，教育是一项公益事业，政府有义务给予一定的资金支持，也可以说高校继续教育的发展必须要有政府的支持。从目前的发展状况来看，政府对高校继续教育越来越重视，对其投入也越来越多。当然，高校不能单纯依靠政府的投入，还应该广泛地开发社会团体和个人资源，争取到更多行业、企业、个人的支持，努力改善办学环境，提升办学实力。多元化的投资主体不仅有利于提高高校服务经济社会的能力，而且能够使高校更加富有活力，适应时代的要求。

2. 产学研相结合的办学模式

高校继续教育选择产学研相结合的办学模式是其发展的必由之路。从教学角度来说，高校继续教育的培养目标是培养技术型和应用型的人才，产学研相结合的人才培养模式正好符合这一要求；从理论角度来说，产学研相结合，可以帮助高校和企业共同发展、共同获利；从它所具有的特点来说，产学研相结合，可以使高校和企业之间优势互补，理论与实践相结合。因此，产学研相结合是现代经济社会发展的必然要求，也是高校继续教育发展的必然选择。总的来说，高校继续教育选择产学研相结合的办学模式，能够充分利用学校和企业各自的优势资源，将理论知识传授、生产劳动技能和科学研究实践有机地结合到一起，共同实现高校人才培养的目标，更好地为经济社会服务。

3. 形成与社会发展有效契合的机制

高校继续教育还可以根据地方特色开展实践教学和科学研究，进一步促进地方经济的发展。高校继续教育可以利用自身优势，全方位地服务当地政治、经济、文化等方面。吸引当地优秀的相关人才参与到高校继续教育的管理工作中。高校在继续教育的实施过程中可以开展人员交流互动，邀请优秀的企业管理人员、技术人员来学校授课，同时鼓励优秀教师走出校园进入企业，增加自身实践经验，以便更好地服务于人才培养。

（四）课程定位

高校继续教育的课程定位十分重要，它是实现继续教育目标的方法，直接影响着继续教育的质量。教育要面向现代化，是指教育要面向社会主义现代化建设。这就要求继续教育的课程设计要面向现代化建设的需要，课程设置应强化综合性、实用性和灵活性，使课程类型多样化，以适应并促进社会主义现代化的变革和建设。教育要面向世界，指的是教育要面向世界经济、社会、科技、文化发展的水平和趋势。这就要求继续教育的课程设计要面向世界发展的进程和前沿，吸收世界人类社会的一切文明成果的同时，借鉴世界各国课程改革和发展的经验。教育要面向未来，是指教育要面向未来社会发展趋势以及人才培养趋势。这就要求继续教育的课程设计应面向中国和世界的未来，面向人类社会所面临的挑战和危机，等等。

1. 要树立质量理念

高校的教学质量是学校生存的基础，确定高校继续教育课程的设置理念是保障教学质量的基础。高校继续教育的课程要符合人才培养的规律，根据时代发展对知识、能力、价值提出的要求，对高校继续教育现有课程设置进行调整，培养出有创新精神、技术能力强的综合型人才。这就要求在继续教育课程设置的过程中，要改变传统课程设置中仅以知识为目标的设置模式，制定知识、能力、价值相结合的新设置模式，促进高校继续教育的协调发展。

2. 要增强效益理念

高校继续教育课程设置要增强效益理念指的是在课程设置的过程中要注重实用性、新颖性、科学性。高校继续教育的课程设置是为实现人才培养目标服务的，注重实用性，理论应用与技术应用相结合，增强学生的实际操作能力；注重新颖性，时刻关注社会和市场的发展、变化、需求，及时更新课程；注重科学性，课程体系的设置要合理，根据社会需求优化课程结构，注重课程之间的联系。

3. 要坚持发展的理念

社会是不断发展的，所以高校继续教育的课程也要随着社会的发展而不断创新。在教学活动中教师要将这种发展的理念传递给学生，促进学生形成生存和发展的能力。在这一理念下，高校继续教育课程设置的定位主要考虑两个方面。一方面，要考虑经济社会发展的需求，既要有对过去的总结，也要有对现在的考虑，更要有对未来的思考。从实际出发，确定国家课程、地方课程和本校课程。另一方面，要充分考虑教育对象的特殊性，以实现继续教育培养目标为目的，在课程设置的过程中充分了解教育对象的能力，遵循人才培养的规律。

4. 课程结构的设置

高校继续教育课程的主要作用是传授知识、发展能力、弘扬价值，这也是时代对高校继续教育的要求。因此，高校继续教育课程结构的设置要充分考虑社会需求、教育对象、技术应用等因素，主要从三个方面进行规定：一是方向，强调的是人本理念，主要是完善教育对象的人格，提升教育对象的素质，增强教育对象的技能；二是基础，关注的是学生应具备的知识和能力，由不同的模块组成不同类型的课程，供不同需求的学生选择；三是能力，主要指实践能力，以专业的技术训练为主，符合教育对象的接受能力。

（五）管理定位

1. 管理理念定位

高校要想实现继续教育的高效化管理，首先就要明确管理理念。高校继续教育的管理理念经历了三个阶段，即物本管理阶段、人本管理阶段、心本管理阶段。当然，每种管理理念的产生和发展都在各自的阶段对社会产生过巨大的作用，每一种理念都不是完美的，都有各自的优势和缺点，因此我们在高校继续教育管理理念的定位中要包容地看待这些理念。现在的高校继续教育管理定位更倾向于心本管理，现在的心本管理主要指的是社会实践。也不是说完全抛弃物本管理和人本管理，毕竟这三者之间的关系并不是对立和排斥的。心本管理理念作为第三代的管理理念，是在前两代理念的优秀基础上发展起来的。因此，高校继续教育在对管理理念进行定位时，可以将三种理念结合起来，提升管理的时效性和实效性。

高校继续教育管理的时效性指的是管理的时间效应。我们常说时间就是金钱，时间就是生命。对于高校继续教育来说，管理者针对管理对象开展各项职能活动的时间是否恰当，直接影响管理活动是否有效。高校继续教育的目的就是传授人们新知识、新技术，提高人们的综合素质，因此，在恰当的时间为人们提供学习和锻炼的机会，对参与继续教育的企事业单位来说是非常重要的。如果对单位员工的培训不及时，企业很可能会因此失去先机，失去竞争力。

高校继续教育的实效性指的是在继续教育过程中管理者要以实际效果和成效为重心。管理者应该根据实际问题，灵活地选择管理理念，不要被一种理念束缚，一切以解决实际问题为目的。高校继续教育主要针对的是企事业单位的在职人员，对他们来说，继续教育不仅是一次学习的机会，更是要学会用新技术解决实际工作中遇到的问题。管理理念决定管理定位，管理定位决定管理执行。也就是说只有先进的管理理论和思想指导，才能实现高校继续教育管理的时效性和实效性。因此，科学的管理理念定位是高校继续教育教学活动的有力保障。

2. 管理目标定位

任何类型的教育管理，都要先明确其管理目标。明确的管理目标是教育教学实践活动顺利开展的保障。因此，高校继续教育要对管理目标进行定位，高校继续教育的管理者要根据本校教育的特点设置每一项管理活动，确保继续教育课程的新颖性、实效性、实践性和灵活性。继续教育课程的新颖性指的是课程设置满足企事业单位对新知识、新技术的需求；继续教育课程的实效性指的是学生能够掌握教师在课堂上讲授的理论知识和技术，并能运用到实际生产中解决实际问题；继续课程教育的实践性指的是课程体系建设要以社会需求为导向，与实际生产相结合，可操作性强；继续教育课程的灵活性指的是课程的设置可以参考实际生产活动灵活设置。

3. 管理主体的定位

高校继续教育管理主体的定位就是管理者的定位，指的是高校继续教育管理过程中的开展者和操作者。目前，我国高校继续教育管理体系还不完善，对继续教育者在管理过程中的权利和义务没有明确的规定，相应的行政机构、法律法规等也不明确。在宏观层次上，现在有三种对管理主体的看法：①认为应该由高等教育部门来统一管理继续教育；②认为应该由科技主管部门来对继续教育进行管理和协调；③认为应该由高等教育部门、科技主管部门、高校各自单独管理。

由此可见，目前宏观管理定位还十分混乱。虽然高校继续教育延用的是普通教育的管理模式，采用统一领导和分级管理相结合的管理模式，但是在具体的实践管理中的具体问题要由哪个部门领导、哪个部门管理仍需解决。在微观层次上，高校继续教育部门都是通过商业协议或者合同来确定与企事业单位之间的合作，并以此来约束双方的行为和关系。但是这些合同针对的都是具体的单位和部门，没有普遍效力。因此，对高校继续教育管理主体的定位，不能过于依靠政府的宏观管理，而是要确定更直接、更具体的管理主体。

4. 管理客体定位

高校继续教育的管理客体指的是管理主体管理的对象和内容，也就是对谁进行管理和管理什么。高校继续教育管理过程中，主要是对人、事、物的管理，管理人是指对教师、学生、后勤人员等的管理；管理事是指对教学活动、后勤业务、商务活动等的管理；管理物是指对财务管理和后勤管理中的物的管理，并且二者之间要相互配合。在管理客体定位中最为关键的就是对师资队伍和教学资源的定位。

（1）师资队伍的定位

师资队伍是高校继续教育提升教育质量和打造品牌的保障。因此，高校继续教育师资队伍的精准定位，既要提高整个师资队伍的素质，还要提升每位教师的素质。

（2）教学资源的定位

高校继续教育中的教学设备、设施等都属于教学资源。高校要树立起自己的继续教育品牌，必不可少的就是硬件设施的教学资源。高校继续教育的培养目标是培养出有新技术、新理念的应用型人才，那么在教学过程中就需要配备与新技术相关的生产设备，实践教学内容，提升教学效果。

5. 管理情境定位

高校继续教育管理的条件和环境被称作高校管理情境。学生在学校的行为受学校条件和环境的影响很大，如果管理不好很可能会偏离预先设定好的目标方向。从宏观角度来说，高校继续教育管理情境的定位应该从整个教育的大背景来考虑，根据国家社会经济发展的环境来定位。从中观的角度来说，高校继续教育管理情境的定位要从自身系统出发，依据学校的师资、课程、人事等方面来定位。从微观的角度来说，高校继续教育管理情境的定位要从细节出发，依据教学过程中师生关系、课堂秩序等来定位。高校继续教育管理情境的定位要结合宏观、中观、微观三个层次，有效地保障高校继续教育的实效性。

第三节　高校继续教育发展的品牌战略

一、高校继续教育实施品牌战略的现实意义

现阶段，社会主义市场经济飞速发展，国家越来越重视高校教育，为促进高校教育的迅速发展，国家对高校教育的投入逐年增加。作为终身教育体系的一部分，高校继续教育发挥了重要的作用，它培养了大量的技术专家，为经济社会的发展做出了重要的贡献。有一点我们需要注意，现实经济社会的发展与高校继续教育的发展并不是完全同步的，两者仍存在不协调之处，面对这一现象，需要进行科学的规划，实施高校继续教育品牌战略。

（一）实施品牌战略是特色发展的必然选择

由于发展条件的限制，高校继续教育在发展的过程中仍处于劣势，一方面，高校继续教育在市场竞争中不占据有利地位；另一方面，高校重视的主体内容是素质教育，相比而言，对继续教育的重视程度较低，因此，高校缺乏特色品

牌来树立自身形象，从而难以提高社会对高校继续教育的认同度。

随着教育大众化的发展，打造继续教育品牌是高校继续教育发展的必经之路，也是高校彰显继续教育特色的必然选择。高校继续教育品牌的树立具有得天独厚的优势，在实施的过程中，以具体的实践为出发点，以社会发展的实际需要为立足点，以学校自身的发展优势为参考点，保证一定的前瞻性，从制定规划、确立目标、执行步骤、反馈信息等各个方面进行实践，包括品牌定位、品牌扩张等。

（二）实施品牌战略是市场竞争的迫切要求

竞争在市场经济条件下无处不在。将竞争机制引进教育之中，让教育面向市场，这不仅是教育的客观要求，也是市场经济发展的实际条件。现阶段，随着经济全球化的发展，高等教育的发展速度不断加快，竞争力不断加强。

首先，在全球范围内，人、财、物受到全球化的影响而呈现出了高度的流动性。21世纪以来，我国教育市场出现了大量的教育培训机构，他们企图赢得高额利润，这些教育培训机构水平参差不齐、质量相差悬殊。这样，我国内部的继续教育将受到长期的、整体的、双向的外部冲击。面对这一现象，在高校继续教育品牌战略实施的过程中必须要具备国际化的视野，保持清醒、理性的认知，对继续教育品牌建设所面临的态势进行客观的分析。

其次，高校在市场经济条件下面临的竞争者还包括其他高校。客观来说，有些学校发展慢、起步晚，与那些高速发展的高校存在着一定的差距，这些差距主要体现在：办学条件、国际合作、师资队伍等方面。

最后，在开展继续教育的过程中，高校存在的问题还有：①业务单一，缺乏多样性；②缺乏创新意识；③重视课堂讲授，忽视讨论引导；④重视学历教育，缺乏实践操作。针对这些问题，高校在实施继续教育品牌战略时，必须要在头脑中有一个清晰的认识，并在此基础上深入分析、积极应对，使自身的水平得以稳步提升。总的来说，在激烈的市场竞争中，高校继续教育要想走出一条良好的品牌战略道路，就必须培养自身的市场意识，突出优势，以强补弱，在实践中逐渐形成自己的特色品牌，将品牌的示范作用、辐射作用淋漓尽致地发挥出来，使高校继续教育的水平得以全面、快速的提升。

（三）实施品牌战略是促进发展的客观需要

随着高等教育的发展，高校继续教育事业逐步发展壮大，随之而来的竞争也越来越激烈。现阶段，学生读书要考虑学校的好坏，用人单位在挑选人才时也考虑其毕业学校的好坏,这一现状使一些刚刚开展继续教育的高校在教育市场竞争中处于不利地位,所以,对于高校来说,培养市场意识、树立品牌意识、实施品牌战略是至关重要的,它不仅对高校继续教育的生存和发展产生了直接的影响,还对高校继续教育的发展定位和市场定位起到了决定性的作用。必须将科学发展观作为高校继续教育的指导思想,在高校继续教育的发展过程中,必须要坚持三项原则:一是外延发展与内涵发展相统一;二是硬件发展与软件发展相统一;三是规模发展与效益发展相统一。通过深化办学理念和提升师资水平等,打造高校特色的继续教育品牌,实现高校继续教育的可持续发展。

二、高校继续教育品牌战略的主要标志

高校从全局的高度来对继续教育的发展进行谋划,并在此基础上进行品牌竞争、品牌发展和决策,在这个过程中,有特色的名牌产品占据了中心位置,这个过程就是高校继续教育的品牌战略。高校继续教育的品牌战略理应拥有记号或内容用于标明高校继续教育的特色和特征,换句话说,就是高校继续教育的品牌战略要有自己的品牌标志。高校继续教育的质量和口碑需要运用这些品牌标志来代表。高校继续教育品牌建设的内容和表现形式具有系统化的特征。

(一)外在标志

近年来,高等教育争夺生源的局势越来越严峻,这时,生源就可以将高校继续教育当作一种商品,生源有自由选择高校的权利,这种情况下,显目的外在标志就是高校继续教育吸纳生源、吸引注意最有力的武器。在品牌识别系统中,外在标志起到了举足轻重的作用,人们对高校继续教育的第一印象受到外在标志显目与否的直接影响。第一印象的重要性众所周知,心理学中存在着首因效应的现象,第一印象具有鲜明性、强烈性,换句话说,人们以后对高校继续教育进行识别、判断的过程将受到第一印象的直接影响。综合来说,显目的外在标志可以替高校继续教育向社会传达重要的信息,这将直接关系到社会对高校继续教育的第一印象。高校继续教育品牌战略的外在标志主要包括以下几点,下面进行具体说明。

1. 品牌定位

在高校继续教育品牌战略中,准确的品牌定位是核心。准确的品牌定位可以维持品牌长久的形象,准确的品牌定位还对品牌的性质和发展动力起到了决

定性的作用。品牌定位战略占领市场的方式是确定核心价值和新秩序。对高校继续教育进行品牌定位时，高校要考虑的首要条件是高校自身、生源、竞争对手，需要考虑的次要条件是社会行业发展的需要，通过这些信息比较本校继续教育的特色和其他教育之间的区别，塑造鲜明的品牌核心价值和形象，使本校良好的形象深入人心，从而得到社会和生源的认可。

2. 品牌设计

在准确的品牌定位的基础上，高校与社会进行的视觉沟通就是品牌设计。品牌设计是一个形象实体，它可以帮助学校把握自身的发展方向，可以促进学校的发展，还可以让人们对学校记忆深刻。品牌设计是学校的外在符号，它可以很好地区分学校与其他单位，人们可以通过符号来对各大高校的继续教育进行区分。在高校继续教育的战略开发中，品牌设计是一个最基本的业务，可以通过识别形象、行为等方面来推进品牌战略。品牌设计包含的内容繁多，主要有品牌名称、标志字和颜色等。品牌设计要在重视文化底蕴的同时，做到简洁醒目、特色鲜明，从而达到吸引生源的目的。

3. 品牌形象

在市场和社会公众心目中某高校继续教育所具有的个性特征就是品牌形象，品牌形象最主要的体现就是生源对该校继续教育的评价和认知。良好的品牌形象不仅可以扩大高校继续教育的生源，还可以提高高校继续教育自身的竞争力，从而吸引社会的高度关注，获得优质的生源。品牌形象包括两种，一种是有形的形象，另一种是无形的形象。前者包含学校硬件设施、住宿条件等，后者包含学校的教育质量、高校人才培养的质量等。教学和教育质量的有效保障是高校继续教育树立良好品牌形象的首要条件，除此之外，高校还可以采取有效的措施来扩大品牌的影响力，使品牌的生命力一直保持旺盛。

（二）内在标志

社会外界对高校继续教育的认知与评价受到外在标志的直接影响，但是外在标志不是高校继续教育品牌战略的唯一标志，除此之外，高校继续教育品牌战略还具有内在标志，内在标志决定着社会的评价，同时，内在标志与外在品牌标志和影响力直接相关联。高校继续教育品牌战略的内在标志主要包括以下几点，下面进行具体说明。

1. 专业设置

高校继续教育生源的多少受到专业设置科学与否的直接影响。高校在进行专业设置时既要重视社会的需求又要做到独立思考。为了保证生源的就业和发展，高校要对市场进行深入的考察，对市场实际的专业需求做到心中有数，与此同时，还要兼顾一些热度比较低的专业，以促进学校专业的长远发展。科学地进行专业设置，使本校专业在所有高校同类专业中占据绝对优势。

2. 课程体系

课程体系的设置受到专业设置的直接影响，开设专业课程要做到与专业本身相适应。课程体系是学校建设的重难点，也是高校继续教育的基础内涵。为了更好地实施高校继续教育品牌战略，高校应当更加重视精品课程的研发，多开发一些具有较高价值的优质课程。

3. 师资队伍

雄厚的师资队伍是高校综合实力的直接体现，所以，在高校继续教育品牌战略中，师资队伍占据着十分重要的地位。一支优秀的师资队伍应当具备：①人数适中；②素质过硬；③结构合理；④专兼结合。一支优秀的师资队伍可以有效地保障高校继续教育品牌的质量，最重要的一点是，在课程中可以将这些高层次、高素质教师的知识和精神真正地传递给高校继续教育学院的学生。但是，从品牌战略的角度出发，这样一支队伍还不算完美，还要在这支队伍里培养出一批既能讲好课程又能做好实践的品牌教师，这些品牌教师不仅具有非常好的口碑，还具有超强的文字功底，可以将理论和实践相结合。

4. 制度建设

建立继续教育制度体系，对公共和专业必修课的比例进行合理的划分，使继续教育自选必修课的范围不断扩大，建立继续教育目标责任制度，加大法制宣传力度，倡导维护继续教育权益，依法开展继续教育活动。在党政部门、企事业单位督导考核体系中纳入继续教育工作，建立完善的继续教育评估制度、继续教育考核制度、继续教育激励制度。制度建设是一种刚性的规定，对高校继续教育品牌起到了硬性保障的作用，它与品牌的长远效益密切相关、与品牌的整体利益密不可分。以科学规范、相对稳定的制度为保障，通过制度形式将学校品牌规划中的思想观念稳定下来，从而有效地推进高校继续教育品牌战略实施。

（三）根本标志

高校毕业生的综合素质是高校教学水平最有力的体现。高校继续教育的兴衰受到高校毕业生综合素质的直接影响，社会对高校继续教育的认知和评价同样受到高校毕业生综合素质的直接影响。毕业生素质在高校继续教育品牌战略中扮演着重要的角色，毕业生素质不仅是高校继续教育战略的一个重要影响因素，还是继续教育战略最根本的评价要素。社会各界对高校继续教育品牌的认可程度与该校毕业生的素质成正比，也就是说，毕业生的素质越高，社会各界对高校继续教育的认可程度就越高，反之，毕业生的素质越低，社会各界对高校继续教育的认可程度就越低。

一所高校在社会上具有什么样的品牌效应和品牌影响力，其影响因素主要包含两部分：一是该校毕业生的素质；二是该校毕业生在职业岗位中的实际表现。那么，评价毕业生是否合格、是否优秀的素质标准是什么呢？首先，过硬的技能素质是一个合格的高校继续教育专业毕业生必须要具备的。继续教育与其他类型的教育存在着差异，继续教育主要的培养目的是挖掘学生职业潜能、提升学生职业技能，所以，只有掌握必要的知识技能才能获得良好的技能素质。其次，一个合格的高校继续教育专业毕业生还要具备良好的思想道德素质。一个人在职业发展中的方向受到他思想道德素质高低的直接影响，其中，职业道德素养与学生在岗位中的表现息息相关。空有技术没有职业道德的学生不是高校期望培养的学生。最后，高校继续教育专业的毕业生还要拥有良好的心理素质。在实际的岗位部门中，困难、竞争、挫折是在所难免的，一个合格的毕业生要以良好的心理素质来面对挫折、困难、竞争。如果学生具备了良好的心理素质，他就能从容地面对职业生涯中出现的一切困难，并得到收获和成长。总而言之，只有培养出具备过硬综合素质的毕业生，高校继续教育的品牌影响力才能得到真正的保障。

三、高校继续教育品牌战略实施的基本路径

（一）树立品牌意识

真正把继续教育作为学校的重要任务，纳入学校的发展规划中来。虽然我国高等继续教育已经取得了一些可喜的成绩，但总体而言，高校继续教育的发展规模尚不适应社会客观需要，同国际继续教育的发展相比，还有一定的差距。因此，高校必须进一步提高对发展继续教育重要性和紧迫性的认识。

树立品牌意识是高校继续教育品牌战略实施的根本前提。随着社会发展而不断更新的思想观念是品牌建设的首要条件，不断涌现的新思想、新观念推动了继续教育的改革，极大地促进了继续教育的发展。众所周知，继续教育的竞争是未来发展的一种必然趋势，高校继续教育的领导者、管理者和教师在激烈的市场竞争中都应当树立品牌意识，意识到品牌建设的紧迫性。在培养国内市场竞争意识的同时，还要开阔国际眼界，对国外继续教育发展的先进经验进行总结、借鉴，充分调查国际和国内市场的现状、高校的实际状况、社会的需求、潜在的竞争对手，等等，并以这些信息为基础科学地制定自身发展的目标，扩大继续教育发展的范围，既要注意到资金短缺、技术落后、师资不足等因素在继续教育发展过程中的制约作用，又要抓住合适的时机进行校企合作，吸取各兄弟院校的办学经验，借鉴其他国家高校的发展经验。品牌意识的树立需要考虑两方面内容：一是高校继续教育的自身定位；二是创建品牌，通过创建符合自身定位的特色品牌来吸引师资、增加生源。

（二）提高办学质量

1. 教育教学质量是办学的生命

高质量的继续教育教学意义重大，主要包含：其一，为高校继续教育树立良好的自身形象；其二，促进高校继续教育的发展；其三，提高我国高等教育教学质量；其四，培养大量高素质、高技能型人才；其五，推动了我国的现代化建设。提高高校继续教育的社会公信力，以优异的教学质量树立特色鲜明的品牌，以特色的品牌推动高校继续教育的发展。品牌的精髓是质量，打造继续教育品牌，有必要以重视培训质量为先决条件。把继续教育项目做大做强不是树立继续教育品牌的最终目的，实际上，树立继续教育品牌就是以质量为柱石，不断提升品牌的社会美誉度，在高校与继续教育需求者之间形成一个稳定、坚固的心理联络。

2. 办学质量是品牌战略的坚实基础

在市场上，生产高质量的产品是品牌获得消费者信任和认可的关键一步。同样，为社会培养综合素质高的毕业生是高校继续教育品牌获得社会公众信任和认可的重中之重。正因如此，在实施品牌战略的过程中，高校所培养学生的质量问题是高校继续教育需要特别关注的问题，如何解决这一问题？第一，为学生配备一流的师资队伍，保证教师的教学质量；第二，有针对性地进行思想道德教育，增强学生的责任感和使命感，保证学生良好的品德；第三，尊重学生的兴趣，激发学生学习的欲望，引导学生自主选择专业、课程和教师，发挥学生的主动性，调动学生的积极性。在教学实践中，对各个环节具体实践工作的分配要以学生的个性、特长、兴趣为依据，使学生的潜能得到充分的挖掘，使学生的创造精神得到最大限度的激发。只有保证毕业生的培养质量和其在工作岗位中的优异表现，才能使高校继续教育得到社会的认可，才能创建出具有发展前途的品牌。

（三）强化办学特色

高校继续教育品牌战略实施的核心是其是否具有自身的办学特色。在长时间的办学实践中，高校继续教育所表现出来的办学风格和特点就是办学特色，高校继续教育的办学特色针对的是高校继续教育本身。学校办学理念的先进性、学科建设的高水平性等方面，都可以体现出这个学校的办学特色。高校继续教育要以自身的办学条件为依据，寻找自身的办学优势和专业优势，与此同时，还要考虑区域经济发展的需要，区别其他兄弟院校的办学特色，凸显自身独特的高校特色，使品牌之间的差异化优势不断扩大。只有这样，社会公众的注意力和兴趣才能被高校继续教育品牌充分地调动起来，才能使该品牌在市场中占据有利地位。

（四）提升师资队伍实力

提升师资队伍的实力是高校继续教育品牌战略实施的关键之举。一支优秀的师资队伍要具备合理的结构、科学的业务结构和专兼结合等特点，优秀的师资队伍可以有效地保障高校继续教育的办学质量。高校继续教育要想获得良好的口碑和信誉、创建影响力广泛的一流品牌，就必须拥有品牌教师，这些品牌教师具有特色的主题精神，是学校吸引生源的活招牌。可以在"双师型"教师队伍的基础上建设品牌教师队伍。"双师型"的品牌教师应当具备的特点有：其一，将本校的特色和特点完美地体现出来；其二，可以敏锐地洞察市场的前景和专业的发展；其三，具备深厚的理论功底；其四，具备高超的专业技能和突出的实践能力。正因如此，高校对品牌教师的培养可以从两个方面进行：一是从企业引进工程技术人员和职业能手作为兼职教师，他们的职业要与本校专业相一致而且具备丰富的实践经验；二是将本校教师安排到实际岗位上进行锻炼，提高其理论结合实践的能力。

师资特色是高校继续教育专业特色主要的决定因素，而师资素质是高校继续教育专业质量主要的决定因素。正因如此，优秀的师资队伍在高校继续教育建设的过程中发挥着举足轻重的作用。学校要在能力范围内为教师提供必要的条件，制定一些优惠政策，利用合同制管理的约束作用，使双方严格履行自己的权利和义务。努力扩大人才引进的范围，放眼党政机关和国有大企业，招聘一些优秀的干部或技术人员，使高校继续教育的师资队伍不断壮大。

（五）深化校企合作

深化校企合作是高校继续教育品牌战略实施的重要途径。高校要以开放的姿态不断深化校企合作，形成产学研一体化服务，实现高校特色品牌的打造。对于高校的师生来说，在生产一线进行体验和锻炼的过程是必不可少的，在这个过程中可以锻炼师生的职业能力、提高师生的实践能力，对于企业生产线的技术人员来说，把工作中掌握的实践知识转化为理论知识也是必要的，使知识理论功底得到进一步的夯实。所以，高校和企业双方的合作具有有效性和可行性，在合作的过程中，高校和企业可以相互借助对方的优势，使效益最大化。可以从以下三个方面对校企合作进行深化。

第一，通过校企合作打通学生的实习渠道和就业渠道。高校与企业的合作可以使企业对高校继续教育的发展现状有一个充分的了解，从而为学生提供实习的机会，学生的实践能力在这个过程中得到了有效的锻炼和提升，学生在完成学业的同时，还为企业留下了一个良好的印象，帮助学生实现在企业中就业的愿望，并通过这一过程使继续教育的可持续发展得以实现。

第二，让企业通过校企合作参与到高校的具体工作中，企业的导向是市场，这就需要企业对社会有一个清晰的认识。对于高校来说，开展校企合作具有的优势为：其一，高校在制定人才培养方案时，企业可以为其提供切实可行的建议；其二，企业可以为高校教师提供实践锻炼的机会，使教师不断更新自身的知识理论结构；其三，帮助高校树立市场意识。

第三，通过校企合作共同研发科研项目。对于企业来说，这一过程可以提高经济效益，对于高校来说，这一过程不仅可以有效地提升教师队伍的科研水平，还可以提高教师队伍的实践能力，可以在整个校园营造浓厚的学术氛围，促进高校继续教育的教学改革和学科建设，推动学生自主创业，催化了科研成果向经济效益的转化，促进了高校的办学融资。

（六）进行改革创新

高校继续教育品牌战略的实施以改革创新为动力源泉。"品牌形成了就可以高枕无忧了",这是一个错误的观点,品牌的创建是一个过程,在这个过程中如何对品牌进行保持和延伸是我们需要解决的重要问题。在历史的长河中,随着经济社会的不断发展,人类也在不断地发展、不断地进步,正因如此,品牌要做到与时代同步就需要不断地进行改革创新,缺乏创新的品牌很难具有生命力,随着市场竞争的日益激烈,如果停歇不前最终将会被取代。要想保证品牌的后续发展就必须遵循"创新—发展—巩固"的基本规律,并不断地循环往复。我国经济社会不断地发展进步,高校继续教育要与之相适应,以市场为导向不断地进行变革和创新,包括思想观念的更新、办学模式的变革、教学方法的创新等方面,使自身的核心竞争力不断提升,使市场和社会得到满足,从而形成卓越的竞争优势,在激烈的市场竞争中站稳脚步。在品牌战略的动态发展过程中存在着严酷的市场竞争,只有坚持不懈地进行改革和创新,才能在激烈的竞争中取胜。

(七)塑造品牌形象

高校继续教育品牌战略实施以独特品牌形象的塑造为载体。品牌战略的外在标志是品牌形象。以下三个步骤可以使高校塑造一个独特而个性的品牌形象,从而得到社会各界的广泛认可。

第一,导入 CI,即设计一个独立的标志系统,这个标志系统要便于人们识别和记忆,通过这个标志系统来包装和宣传高校继续教育,将高校继续教育在社会中的形象进行重新装饰。这个标志系统可以将高校继续教育办学的精神和宗旨充分地表现出来,也可以将高校继续教育办学的特色和特点突出出来,具有一定的凝聚力和吸引力,使高校全体工作人员具有较强的归属感,同时,还可以有效地增强社会对高校继续教育的认同感。

第二,营造良好的办学环境。对于高校继续教育来讲,办学环境属于一个外在的影响因子,虽然办学环境不如内在师资和生源重要,但是办学环境的优劣也是内部因子的直接影响因素。优美的绿化、完备的硬件设施也是提升高校继续教育形象的有效因素。所以,塑造品牌形象,也要进行校园环境的优化。

第三,在社会宣传中充分利用现代传媒技术。高速发展的现代传媒技术为高校继续教育品牌的宣传提供了契机。高校在对品牌进行宣传时要充分利用现代传媒技术,不断扩大品牌的知名度,让这一教育品牌可以影响更多的人。

第六章　国内外典型地区继续教育实践的启示

发展继续教育必须勇于探索，在总结前人经验的基础上，进行深入的研究，通过吸取经验，不断地实践，才能在继续教育的发展过程中少走弯路，才能实现可持续发展。本章分为发达国家与地区的继续教育实践、我国发达地区继续教育的实践与发展、发达国家高校继续教育的发展经验、国内外继续教育实践对继续教育体系构建的启示四部分。其主要包括继续教育法制建设、继续教育制度建设逐步完善、美国职业继续教育的发展经验等内容。

第一节　发达国家与地区的继续教育实践

一、继续教育法制建设

继续教育的对象涉及社会各个领域具有不同学习要求的广大社会成员，推动继续教育发展，是一项十分艰巨且复杂的系统工程。继续教育法制建设是继续教育发展的第一步。继续教育制度较为完善的国家和地区，在立法与政策制定方面普遍存在着如下共同点。

（一）政府重视继续教育立法

西方发达国家继续教育立法起步较早。英国、德国等欧洲国家在第一次世界大战前就已经关注成人教育，制定了有关法规，"一战"结束后，开始大力推动继续教育的发展，相继出台了针对继续教育的法规。美国出台关于成人教育的法规是在1924年，为《成人教育规程》；1925年，德国针对职工的培训问题，制定了相关的《管理条例》；1924年，英国出台《成人教育章程》，标志着英国成人教育制度化建设的开始。20世纪60年代起，法制化管理成为继续教育发展的一大趋势，欧美各国逐步形成了较为健全的法规体系。英国于1964年颁布《工业培训法》，作为当时第一个国家级的培训政策，它的出台使培训人数在短期内大量增加，培训参与率显著提高；此后，在1971年至1975年间，又出台了《职业继续教育法案》《就业与培训法》《继续教育奖学金规定》等多项法案与规定，推动了继续教育，特别是成人教育的稳步发展。这一时期，欧美其他国家也纷纷针对成人继续教育制定了相关法律法规。1969年至1976年，德国《职业教育法》《继续教育法》《成人教育机构促进法》《联邦函授教育保护法》等继续教育法规相继出台。自1968年开始法国针对继续教育与终身教育，相继制定了诸如《终身职业教育法》等有关法律法规，并以法律法规为基础，经过严密的探讨，建立了一套科学的管理体制，该体制得到了很多国家的认可，并纷纷借鉴与运用。

进入20世纪80年代，欧美及亚洲许多国家和地区在发展国家成人继续教育的基础上，将目光投向终身教育，颁布了一系列法律法规，为终身教育的稳定发展提供强有力的依据和支撑。1976年美国的《终身学习法》出台，该法对终身学习的范畴、如何实施终身学习以及终身教育局的设立都做出了明确的定义和规定，其中终身教育局在联邦教育部设立。法国出台终身教育法比美国要早，在1972年就已经通过，1989年的《关于教育的附加报告草案》更加明确了终身教育的重要性，其指出："终身教育是学校、大学及工作人员的一项使命。"

通过研究比较发达国家和地区的继续教育立法情况，可以发现，在这些国家和地区的继续教育立法实践活动中，政府发挥着重要的作用，继续教育的发展方向、重心和成就都受到政府对继续教育和终身教育态度、行为的主导。政府对立法与政策制定的重视，源于对法规与政策的推动和支撑作用的深刻认识。正是这种立法先行的做法，推动了这些国家和地区继续教育的蓬勃发展，也使得政府能够通过继续教育有力地解决诸多的社会问题。

（二）法规内容全面具体

综观发达国家和地区继续教育的法规政策，不论政府是专门制定继续教育相关法案，还是在宪法或其他相关法律中制定有关继续教育的条款，其内容大都全面、翔实、明确，并在一定时期内不断完善深化，注重各项法规的先后关联和衔接，形成体系，立法同时，多制定相应的行动方案，确保法规与政策能够得到有效落实。2000年以来，欧盟始终强调终身教育的重要性，多次出台相关政策和举措，使得终身学习成为整个欧盟的重要议题和工作。2006年，欧盟委员会发起的"2007—2013年终身学习整体行动计划"（简称"终身学习计划"）通过了欧洲理事会和欧洲议会的批准。终身学习计划明确了计划的总体目标、具体政策目标，面向范围更广，所有年龄段的欧洲公民都被纳入其中，并整合了全部教育计划，同时还提出了每年资助一定数量的学习者跨国流动的任务量化目标。终身学习计划又细分成了2个辅助计划和4个支柱计划，涵盖了各个阶段的教育类型，包括基础教育、高等教育、职业教育和成人教育。同时，为确保终身学习计划的顺利实施，欧盟委员会和欧洲各成员国制定了详细的行动计划，在机制、措施和资金上做出了明确的要求，以保障计划的实施。

二、继续教育管理体系建设

欧美与亚洲发达国家在继续教育的管理中体现出相同的特点，可以归纳为以下几点。

（一）专门的管理机构

亚欧许多国家在推进继续教育发展时，均根据相关法律政策，设立了多级管理机构，以对继续教育和终身教育的质量进行监管，确保教育立法的顺利推展。

1. 美国社区学院委员会

美国的各州政府都设有专门的管理机构：高等教育委员会和社区学院委员会。其中，社区学院委员会设有日常办公机构，与州政府进行联系、为学校拨款、建议和审核课程开设、指导就业和成人教育等的协调服务工作是其主要功能。委员会和各办学机构没有领导的关系，学校的具体办学都不受委员会的干预，学校院长由委员会选取人员聘任，校内的具体办学由院长全权负责。

2. 韩国终身教育振兴院

在亚洲国家中，韩国的终身教育发展起步较早，并出台了各项政策，为了落实各项政策的实施，于2008年成立了国家终身教育振兴院。终身教育振兴院是韩国负责终身教育的最高行政管理机构，其直属于韩国教育科学技术部，旨在振兴终身教育，通过灵活多样的方式使国民享受终身教育。在此基础上，韩国在16个直辖市、道设立了终身教育信息中心，其是一个综合机构，负责本区域终身教育社会机构、团体的联系和运营工作，并作为一个中间环节，在中央与地方之间建立起联系，确保建立有效的沟通，保障终身教育体系的有效运行。

3. 日本从中央到地方实施机制

在日本，为了将终身教育的理念推广开来，其设置了一套从中央到地方的终身教育实施机制，成立了一系列的管理和协调机构。1990年，终身学习审议会设立，该审议会由中央教育审议会决定设置，其主要负责推进终身学习有关事项的审议工作，同时在地方设置了地方终身学习审议会，负责指导地方终身教育政策制定。通过对政策进行研究和决策，终身教育有了理论的指导和科学的保障，确保了其从理念向政策的顺利转化。在政策实践方面，文部省于1988年撤销了社会教育局，改为终身学习局，该机构负责全面规划、协调政策、管理终身教育的相关事务，另外，以终身学习局为中心，在地方组成了"地方支援室"；在都道府县一级和市町村一级分别设立了"终身学习振兴室"和"终身学习推进中心"。此外，为强化各地的联系，国家组建了"全国终身学习市町村协议会"。正是这一系列推进终身教育发展的专门机构的设置，日本的终身教育推动体制已经非常完备，其理念迅速向科学可行的政策转化并得到落实。

（二）市场化的发展模式

各国政府虽然对继续教育十分重视，但对于学校的管理工作，主要是进行宏观调控，并不直接干预，各学校则在政府的指导下进行自主管理。广播大学、开放大学、劳工教育协会等作为成人继续教育的办学机构，可以根据市场需求和相关法律自主招生。德国、英国、法国等国家都放宽了继续教育的入学条件，比如法国的巴黎第八大学、短期技术大学等，接收无文凭的自学者和工人，为他们提供继续教育服务。在这些国家，只要学校的办学质量达到要求，就可以自由发展办学，否则会被取缔。

终身教育和继续教育管理市场化特点表现得最为突出的是美国，美国继续教育的发展在市场竞争机制的刺激下成效显著。在美国，成人教育机构属于营利性机构，必须遵循市场化的运作模式。一方面，"学习提供者"通过公平的竞争获取资金；另一方面，由于成人学习市场有很大的吸引力，各类办学主体、团体纷纷参与进来，激烈的竞争形成强大的推动力使美国继续教育向前发展。

（三）多渠道、大力度的经费支持

继续教育的发展离不开国家经费的支持，为了支持继续教育的发展，各国政府都投入了大量的资金，如英国政府曾在4年时间内投入了5亿英镑帮助失业人群重新学习基本技能。正是有资金的大力支持，西方一些发达国家成功地开展了继续教育，并不断发展壮大。西方发达国家主要通过政策法规明示、直接拨款、企业承担经费三种方式来保障继续教育经费，如早在1996年，美国企业投入560亿美元用于继续教育，相当于美国高等教育经费的二分之一。美国继续教育的多渠道经费保障特点表现得尤为突出，教育经费来源包括政府、各财团以及学费三方面，每个渠道的经费都有各自的作用，共同保障了经费的供给。政府提供的经费并非直接拨付给学校，而是通过资助的方式直接给学生，这些经费能够帮助学生自由选择学校，从而促进学校之间的竞争。随着美国政府教育拨款的逐年减少，学生的学费逐年上升，随之，美国政府推出的助学贷款类型和额度也相应增加，而且成人学生也能申请助学贷款，这也是美国继续教育经费来源的一个重要特色。

三、继续教育平台建设

欧美与亚洲发达国家在打造继续教育的平台时，多呈现开放性和信息化两个突出特点，不断完善的教育平台建设，推进了继续教育的有效实施。

（一）面向社会开放高校教育资源

在发展终身教育视域下的继续教育时，满足社会各基层成员的不同学习需求，成为继续教育中的一项重要的任务。发展面向社会开放的各项教育资源，是实现继续教育新理念的重要手段。对发展继续教育和终身教育，教育资源面向社会开放的举措具有十分重要的意义，欧美及亚洲许多发达国家都认识到了这一点。

1. 英国非大学部门

从1966年起，英国政府不再设立新大学，明确指出将从非大学部门着手，采用扩充的方式来发展高等教育。英国针对高等教育实行的二元化制度，即对高等教育进行大的划分，分为大学部门和非大学部门两部分，对每个部门承担的工作也做了明确规定。非大学部门并非正规的大学，但它承担着继续教育机构的工作，为社会提供多种高级课程，课程主要涉及以科学技术为中心的和专门教育方面的内容。

2. 美国以高校和行业为平台

美国继续教育开展较早，已有百余年的历史，其继续教育的发展最早是在高等院校兴起的。美国高等教育界对开展继续教育有统一的认识，他们认为美国教育现代化脱离不了继续教育，继续教育是其中重要的组成部分，大学应该主动承担起这份责任，而并非将其看作学校的额外任务。美国的大学将教育资源共享，均面向社会为成年人提供各种继续学习的内容。各类大学对兴办继续教育重视度很高，美国的研究性大学也包括在内，他们将继续教育与本科和研究生教育排在了同等的地位，在各类高校中，仅工科高等院校就有200余所参与到继续教育的工作中，为企业提供继续教育服务。除大学外，美国的各行业协会也都积极投身继续教育活动，如美国律师协会、工程师教育协会、医师继续教育协会等，这些协会在继续教育系统中占有重要位置，所占比例达到20%。美国将继续教育资源面向社会高度开放，有力地推动了继续教育的发展。

3. 日本设立中小企业大学

日本对大学向社会开放非常重视，增加了很多研究生院并面向社会开放，推出了一系列深受在职人员欢迎的继续教育实施举措。希望继续深造专业的在职人员，可以在兼顾工作的同时研修硕士学位课程，充分利于在职人员的业余时间来安排授课，而且学历考试的难度也不大，为在职人员提供了极大便利。同时，日本专门设立了中小企业大学，为中小企业在职人员提供继续教育平台，为了扩大受教育人群，在各地都设立分校，避免一些地区因地理位置等因素无法进行继续教育；政府还在资金上给予支持，学校的全部设施都由政府投资建设，经费由政府和中小企业共同承担，政府出资四分之三，中小企业支付其余四分之一。中小企业大学的研修对象主要包括中小企业的领导者、管理者和技术人员。这种开放教育资源，对在职人员开展多层次、多渠道、多形式的继续教育，对日本的高新科技发展和经济发展起到了很好的推动作用。

（二）注重现代信息技术的运用

1. 开放大学

在各国的继续教育发展中，受教育对象的复杂性和教学内容的多样性，使得现代信息技术的作用和优势在继续教育领域中得以充分施展。"开放大学"的出现，开创了多媒体等现代信息技术在继续教育领域应用的先河，使得这种继续教育模式能够在世界多国推广和普及。

在英国，开放大学最早出现在 20 世纪 70 年代初，属于成人高等教育机构，该大学是以广播、电视、函授与暑期学校相结合形式出现的，此后英国一直在探索中前进，经过 40 多年发展，已经取得了一定成果，在世界范围内，极大地影响了远程教育的发展。英国开放大学将现代教育思想结合最新的信息技术，把教育内容传送到校园外，其运用了多种手段，主要包括计算机、多媒体、现代通信、网络等技术，内容的传输主要是通过音频、视频以实时或非实时的形式来进行的。这种方式让校园外的学习者能够很方便地学习，运用技术让师生之间学习交流，突出了个性化的教育方式，确保继续教育可持续发展。

1983 年，日本创办开放大学，学校当时名为空中大学，于 2007 年更名为开放大学。该大学借助于大众媒体网络，与其建立长期合作关系，通过远程学习技术为学习者提供高等教育课程，课程内容丰富，涵盖面广，学习者在不同生活阶段都能找到合适的课程，满足了学习者的广泛需求。从建校初期，日本政府就为开放大学设立了专用的电视及广播频道，这些大众传播工具满足了成人学习者不断变化的学习需求。

2. 产业大学

为了提供更好的学习支持服务，早在 20 世纪末，英国就成立了一种全新的学习机构——"产业大学"。产业大学实际上是一个广阔的网络学习中心，它利用现代信息技术把企业、个人与高效而灵活的教育和培训联系起来。产业大学提供有关现有学习资源方面的信息和咨询，并提供适应不同需要的全日制、非全日制或在家庭、工作场所及在学习中心学习的课程。例如，它可能通过电子邮件把一个学习包发送给学习者，也可能与有关学院联系提供晚间课程，或者播出有线电视节目，通过收音机和互联网提供课程。产业大学的学习者也可以通过学习中心学习，这些学习中心都配备了现代技术设施，在中心的学习者可以获得产业大学的课程和资料。1998 年至 1999 年，英国政府投资 500 万英镑发展学习中心，确保学习中心提供的学习资源质量达到高标准。产业大学为学习者提供的支持服务主要有：一是为学习者提供适应他们自身学习需要的、配备完善的学习咨询与服务；二是为学习者提供相应的心理咨询服务，帮助学习者克服对学习的恐惧心理；三是针对学习者的个性需要，帮助他们制订合适的学习方式和学习进度计划；四是创建终身学习超市，为学习者提供学习资源的共享服务，以降低学习费用。

3. "Coursera" 网络教育平台

随着互联网的普及，其在继续教育领域的应用也更加广泛，基于网络的远程教育在继续教育市场中迅速扩张。西方发达国家很早就普及了网络，而且具有很高的覆盖率，早在 2002 年，英国所有的家庭、社区、单位以及大众媒体传播系统就已经和全国学习网建立连接。全国学习网的建立，为英国继续教育工程提供了技术和资源上支持，并极大地完善了该项工程，英国将全国学习网和多种媒体网络相连接，如电话线、光纤、卫星等，实现了从天网到地网的全覆盖，甚至将这些资源提供给了其他英语国家，为这些国家的继续教育提供支持。此外，英国各大企业也开始投身于网络教育服务，各大企业自己的网络教育平台纷纷现身，为员工提供科学的、丰富的继续教育服务。2012 年 4 月，"Coursera" 网络教育平台诞生，该平台是由美国斯坦福大学的两位计算机教授建立的。目前，该平台已经与多所世界顶尖大学签订了网络教育协议，其中包括宾夕法尼亚大学、杜克大学、多伦多大学等。来自 190 多个国家的学生通过 "Coursera" 网络教育平台学习，学生可以在平台选择课程学习，课程的授课时间是固定的，教师能针对学生的课程布置家庭作业。平台有各式各样的课程列表，层次丰富，不同水平的学生能够根据自身的情况找到适合自己的课程，以满足不同的学习需求。科勒教授是 "Coursera" 教育平台的创建者之一，他指出，对于建设网络教育平台的必要性已经不用再质疑，美国的高校应该致力于思考如何发挥网络教育课程的效果。

（三）积极利用公共文化设施开展继续教育

在很多国家，相比于学校教育，社会教育在继续教育和终身教育推进过程中体现出重要功能。日本的社会教育法对社会教育做出了明确定义，其教育对象是青年和成年人，教育的课程都是正规教育课程之外的内容，对于这一类有组织的教育活动统称为社会教育。社会教育的公共设施涵盖面广，涉及各个方面的对象，包括公民馆、公共图书馆、博物馆、青年夜校、儿童中心和妇女教育中心。其中，公民馆于 1946 年设置，其服务对象是市、町、村等一定区域内的居民，通过与居民实际生活结合的方式，融入学术、文化、教育等内容，开展各类综合性社会教育活动，来丰富居民的文化生活，提高居民的素养，并为社会福利事业发展做贡献。自公民馆设置以来，开办了几十万场次的社会教育讲座，其已经成为社会教育的中心设施，以其开放性、综合性、社区性、教育性、自治性得到了人们的广泛认可。

在美国，社会机构、政府职能部门、中小企业等都积极参与到推广终身教育的运动中来。就制度化的成人学习机会来说，非学校机构提供的机会远远多于学校，这些机会来自农业开放讲座、社会团体、民间企业、都市娱乐组织、教会宗教团体、政府机构、图书馆、劳工组织等。通过市场机制，这些资源得到了合理配置，发挥出潜在的继续教育潜力。

四、继续教育评价认证体系建设

继续教育发展较快的国家和地区，通过建立教育质量评价体系和学习成果认证体系，确保继续教育的实施效果与质量。发达国家和地区继续教育的评价认证体系建设主要有两方面内容。

（一）继续教育机构的教学质量评价

以欧盟为例，多数国家都设置了一些专门机构来开展继续教育和终身学习相关工作，这些机构提供咨询、管理、评估、认证等服务，为人们提供了很多帮助，在此基础上，他们以科学性为原则，建立了一套完备的继续教育质量评价体系，极大地推动了继续教育和终身学习的发展。20世纪90年代，专门的监管机构诞生，这些机构融入了全面质量管理理念和ISO9000质量管理体系，继续教育领域的内涵得到提升。德国每两年开展一次继续教育质量监控，由劳动局的继续教育委员会专家承担此项任务，对培训质量进行全方面考察，包括培训机构、培训执行过程、培训效果等。英格兰为了提升终身学习标准，于2001年4月出台了一个全新的国家框架——共同监督框架，并且针对每个提供机构每年还会进行两次正式评估。苏格兰和威尔士针对所有义务教育阶段后的教育和培训建立了质量管理框架。法国为了提高私人承包的终身学习服务的质量，于2002年出台关于职业教育与培训的具体措施，措施之一即对培训机构的职员做出相关规定。在意大利，最近已采取措施对教育和培训的过程、制度和结果进行评估。芬兰通过立法、体制和运作措施确保教育和培训的质量，终身学习提供机构有责任保障终身学习的质量，两个专家理事会则进行相关评估。欧盟各国对继续教育机构的教学质量评价的诸多做法，无不体现出对继续教育质量问题的积极关注。

（二）受教育者学习成就的认证制度

1. 学习成就认证制度

在许多继续教育发达的国家，制定受教育者学习成就的认证制度得到重视，他们都积极推进这一制度的落实，该制度有效地提升了继续教育成果的价值。在很多发达国家，继续教育各种毕业证书的含金量也很高，这些证书是一种知识技能的国家凭证，同其他毕业证书一样重要，能够帮助自己实现专业发展和职业发展，并得到了社会的广泛重视。在英国、美国、德国和法国，继续教育学院实行学科学分考核制，学员修满该校某一学科专业规定的学分，就能获得该校的毕业证书，此证书和普通高等教育的毕业证书是相同的。像牛津大学、剑桥大学、约克大学等世界一流的大学，他们的继续教育学院同样实行这种制度，颁发给其在校注册成人学生的毕业证书统一为该校的毕业文凭。

2. 非正规和非正式学习认证系统

近年来，各发达国家越来越重视评估和认证非正规和非正式的继续教育成果，力求做到继续教育的规范化。欧盟于 2004 年通过了非正规和非正式认证的欧洲共同原则，并向外推广，一些国家以此项共同原则为基础，推行成果认证体系的学习。非正规和非正式继续学习认证得到了几乎所有的欧盟国家的密切关注，很多国家已经付诸实践，在所有教育和培训部门系统地推进非正规和非正式学习认证；部分国家则采取试点的方式，首先在教育和培训系统的部分部门开始推进，同时做好充足的准备，为系统进一步推进打下基础。

3. 终身学习账户制度

在很多继续教育和终身教育发达国家，为推动国民积极开展终身学习，他们采取了终身学习账户制度，这项制度的推行形成了一个良好的平台，使得终身学习成果的认证得到了很好的实行。英国为了提高劳动力素质，促进国家发展，于 2000 年提出了个人学习账户。2007 年，美国、瑞典、新加坡等国家陆续以立法的形式出台各类法案和法规，以促进各国民众开展终身学习，如美国提出了终身学习账户法案，这些法案和法规对终身学习的开展起到了积极作用。在众亚洲国家中，以韩国为首，其建立的终身学习账户制度较为完整。评价终身学习课程以及建立起终身学习综合管理系统是韩国终身学习账户制度的主要内容，该管理系统实质为一个综合数据库，用于管理国民学习认证课程过程，除此之外，系统还与初中高等教育的学分认证、各种资格证认证、学分银行制、自学学位考试制等制度建立了连接。要想获得综合管理系统的履历证明书，参与终身学习的学习者需登录此管理系统，开通个人学习账户，首先要积累学习经验，学习系统内的认证课程，最后才能得到履历证明书。该证明书的含金量较高，得到了社会的普遍认可，学习者在获取学位、资格证和求职应聘等时都能使用此证明书。终身学习账户制度有效地激发了国民的积极性，促使他们参与到终身学习中，并极大地推进了韩国终身教育的发展。

第二节 我国发达地区继续教育的实践与发展

一、继续教育制度建设逐步完善

（一）实施继续教育地方性立法的省市不断增加

近年来，在全国范围内多个省市已经开始了继续教育和终身教育的立法建设，并且取得了很大进展，继续教育朝着规范化的方向发展。福建省是我国最先开始终身教育立法建设的省份，2005年，我国第一部终身教育地方法《福建省终身教育促进条例》正式出台并实施，该条例为福建省发展终身教育提供了可靠的法律保障，也为其他地方开展终身教育立法建设做出了很好的示范作用。此后，全国范围内关于终身教育、继续教育和学习型城市建设的相关法规和政策陆续出台。2007年，北京市《市委、市政府关于大力推进首都学习型城市建设的决定》正式颁布；2011年，上海《上海市终身教育促进条例》正式颁布实施；2012年，太原市《太原市终身教育促进条例》实施。各市都针对本地区的具体情况，制定出适合地方发展的法规和政策。

（二）国家成人教育标准出台

社会发展进入新时期，我国继续教育事业改革发展也面临着重要的挑战：要积极、大力发展继续教育，鼓励多样化的教育培训，以建设学习型社会。近年来，随着教育改革进程的加快，我国继续教育稳步推进，呈现喜人的态势，成人教育培训活动越来越丰富，全国成人教育培训呈现需求旺、增长快、潜力大的态势。在继续教育的推进过程中，成人教育培训机构成为重要的平台，这些机构内的培训工作者成为中坚力量。在我国成人教育的发展过程中，成人教育培训机构和教育培训市场存在着很多问题,如社会培训机构准入门槛低、无序竞争,高水平的专业培训师资匮乏,培训质量缺乏保障,行业自律意识薄弱等,为了有效解决这些问题,2012年,国家质量监督检验检疫总局、国家标准化管理委员会正式出台了三项教育服务类国家标准:《成人教育培训服务术语》《成人教育培训工作者服务能力评价》和《成人教育培训组织服务通则》,这三项国家标准是我国制定的第一组有关教育培训服务的标准,这些国家标准对成人教育培训起到了规范作用。标准化建设已成为我国继续教育活动实施的一个显著趋势。

(三)学分积累与转换制度建设起步

学分积累与转换体系在欧美和亚洲许多发达国家已发展成熟,为学习者获得的不同层次、不同类别的学习成果提供了学分互认的平台,在推进全民学习中起到了重要作用。在我国,学分积累与转换制度的建设近年来逐渐受到关注,一系列规划和举措相继出台。《国家中长期教育改革和发展规划纲要(2010—2020年)》提出,要"建立继续教育学分积累与转换制度,实现不同类型学习成果的互认和衔接"。上海学分银行于2010年投入运行,打开了我国学分积累与转换体系建设的新局面。学分银行面向上海学习者,成功实现了学分积累和转换,涵盖学历教育、职业教育和文化休闲教育三类教育类型,建立了包括上海交大、同济大学等多所高校的学分互认联盟。如何实现学分互认,已成为促进各级各类教育纵向衔接、横向沟通,搭建终身学习"立交桥"必须破解的一个关键问题。

二、继续教育平台和载体逐步多元化

(一)多元联盟的继续教育平台日益完善

2011年至2012年,教育部相继发起成立了"普通高等学校继续教育数字化学习资源开放联盟""大学与企业继续教育联盟"和"继续教育城市联盟"三大继续教育联盟,成为推进继续教育为终身学习型社会服务的一项重要举措。三大继续教育联盟的建立为城市、高校和行业提供了更多交流的机会,在它们之间建立了一个长效的合作平台,让资源和信息能够互通、共享,从而推动继续教育的发展,为其改革和发展探索出多元化的新模式。继续教育联盟平台将借助高校和企业的力量,充分发挥出他们的作用,实现继续教育与社会管理创新、人力资源开发、现代化产业体系建设等需求的有效对接,同时,反作用于高校和企业，提供更多新的机遇和平台致力于高校继续教育的发展，也为企业发展提供有力的智力支撑。

（二）学校教育和学习资源进一步整合共享

随着终身教育体系构建任务的持续推进，各个层次和类型的学校教育资源实现了共享，助力继续教育。在北京、上海、福建、浙江等多地，学校资源的整合共享主要体现在三个方面：第一，各种类型的学校提供社会培训，普通高校、职业学校、成人学校都参与其中，培训的内容也设计级别和类型；第二，社区居民能够通过申请，使用中小学和高校的硬件设施；第三，通过弹性学制和学分互认的方式开放高校和职业院校的课程资源。学校教育资源丰富，通过对这些资源进行整合、开放，能够让继续教育的学习资源更加丰富，对优质的教育资源进行了重复利用，避免了资源的浪费，推动了终身教育体系的构建。随着教育改革创新的深入推进，学校教育资源将在继续教育领域发挥更加重要的作用。

（三）信息技术在继续教育资源建设中的应用更加广泛

随着信息技术的飞速发展，数字化学习手段在继续教育中的应用日益广泛。网络学习已成为社会成员开展继续教育的重要形式。北京、上海、江苏、福建等多个省市建立了"学习型城市网""终身学习网""公共学习网"等多种网络学习平台，帮助学习者利用网络随时随地地开展多样化、个性化的继续教育。同时，移动学习逐渐进入人们的视野。联合国教科文组织举办了全民移动学习大会，并发布了移动学习指南。移动学习在很大程度上面向的是成人教育和全民学习，进一步打破了开展终身学习的时间、地域限制，提高学习效率，促进无缝学习。

三、继续教育形式和主题趋于广泛

（一）学习型城市建设正成为全球继续教育的主题

学习型城市建设是建构学习型社会的重要组成部分。目前，在全球范围内，建设学习型城市正在逐步展开，已经得到了广泛响应，首届国际学习型城市大会就是于2013年在北京召开的，至今，学习型城市大会已经成功举办了多届。首届大会明确了终身学习的重要作用，指出其能够推动城市的繁荣发展与社会和谐，对全民终身学习对城市和社会的一些重要作用进行了探讨，并研究了推进学习型城市建设的重大战略。随着信息技术的飞速发展以及经济全球化，城市之间的竞争也越发激烈，学以致用、有效学习成为其中的必要因素，在全球化的大背景下，建设学习型城市是必要的，是增强国家竞争力的一项战略举措。当前，我国新型城镇化建设正逐步推进，人的城镇化是关键，建设学习型城市有助于实现人的城镇化，同时还有利于学习型社会的建立以及劳动者素质的提升。

（二）终身学习活动周在全国范围内广泛开展

全民终身学习活动周，作为学习型社会建设的重要活动，已在国家和地方举办多届。近年来，开展学习周活动的地区持续增加，参与人员逐年增多，影响力不断增强。在全民终身学习的热潮中，活动周已经形成品牌效应，这一效应使更多的个人和组织关注到终身学习，让他们行动起来，将终身学习的知名度打出去，鼓励更多的人参与其中，营造了非常好的学习氛围。全民终身学习活动周未来将向常态化方向发展，为建构学习型社会继续发挥作用。

（三）广播电视大学系统向建设开放大学方向转型与升级

原有的广播电视大学系统已经不能满足当前继续教育开放多元的教育需求。自2012年，国家和地方开放大学试点的建立以来，广播电视大学系统开始了转型和升级。在广播电视大学基础上开放大学的建设，既突破了电大发展的瓶颈，又充分利用了原有的现代远程教育资源，进一步推进了教育资源向社会开放，使得现代化信息技术和教育资源的优势得以充分发挥，为学习者提供了人人皆学、时时能学、处处可学的良好条件。

（四）社区成为学习型社会建设的重要阵地

社区教育的发展迅速，尤其是建构学习型组织和社会理念的推出，引导社区教育在发展的道路上完成了内涵的提升。近年来，社区教育不仅使社区居民的素质普遍提高，使他们的精神文化生活更加丰富，在此基础上，还在努力为实现人的全面发展以及服务民生做出改变，社区教育的内涵朝着这一方向不断提升。目前，我国社区教育的发展以中心城市为圆心，不断向外延伸扩展，向着城郊推进，逐步扩大了示范区、实验区，全民终身教育活动区域在逐渐扩大，学习型区县建设持续推进，基本形成了社区教育的三级网络。社区教育的内容和形式也不断丰富，为社区居民个性化的学习提供了便利条件。社区已经成为全民开展终身学习和建设学习型社会的重要阵地。

第三节　发达国家高校继续教育的发展经验

一、美国职业继续教育的发展经验

（一）办学模式：CBE

美国职业继续教育以 CBE 为办学模式，其是"以能力为基础的教育（Competency Based Education）"的简称，也就是我们通常所说的"能力为本"，是第二次世界大战之后的产物。"能力为本"职业教育是先对职业能力进行分析，并以此为基础来实施的。在职业课程设计方面，以确定的能力标准为依据，通过对能力进行评估，获取能力考核结果；在教学上，采取模块化、灵活多样的方式，其核心是对某一职业所必需的实际能力进行针对性培养，让学生获得该项能力，不以知识水平作为参考来评价教学效果，更加强调企业的参与对职业教育的发展作用。CBE 办学模式在北美国家，如美国、加拿大等国家的职业教育中被广泛应用，是当今一种较为先进的模式。它主要有两大特点。第一，培养目标分级别确定。学校聘请权威的专家按照其在某一行业中的代表性形成专家组，并成立专业委员会，根据不同职业、不同岗位的实际需要，按照梯度进行划分，再根据划分确定从事这一职业需要具备的能力，以对不同级别能力的要求来制定培养目标。第二，学校按照教学规律总结和归纳教学中必备的各项能力，综合相近的能力，在此基础上构成教学模块、制定教学大纲，作为日常教学的参考。这种设计并非以传统的公共课、基础课为主导，教学模式更加多样化，将教学重心放在培养岗位所要求的职业能力上，从而为职业能力培养目标的顺利实现提供了保障。

（二）教学组织形式：社区学院

美国的职业继续教育发展从多方面入手，并且紧密联系社会经济生活，其目的就是以需求为导向，培养技师、工匠这类的实用型人才，社区学院就是其中的典范。社区学院不属于普通高等教育范畴，是独立存在的，并且设立了专科、本科、硕士研究生三级教育，为全民教育奠定了基础，对于培养出怎样的人才，学院也有着特定的要求，其依据是国家的教育目的以及学校的性质定位。本着促进社会经济发展的初衷，美国的职业继续教育将培养专门的实用型人才作为首要目标，致力于为生产、管理、服务的一线输送人才。所以，社区学院制定了一些特殊要求，对招生对象不设条件限制，只收取一部分学费即可入学，这种开放性政策吸引了大量青年，以前他们没有进入大学继续学习的机会，现在能够通过社区学院实现继续教育，为美国高等教育大众化起到了非常大的推动作用；针对招生规模，社区学院也做了严格的规定，并明确提出继续教育活动的开展要围绕多个细化的标准来展开，实现标准化的管理，包括专业划分、课程设置、教学方法手段选择等，这样才能培养出优秀的毕业生，在竞争激烈的劳动力市场中脱颖而出并能够持续达到工作要求。

在北美地区，美国的社区学院是高等教育最具活力的一个办学层次，它是顺应美国地方经济、社会发展而出现的。社区学院主要有以下特点。

1. 职业性

学院将工作重点放在职业教育上，以"就业培训"为中心，按照社会企业对继续职业技术人才的要求，设置了各类各项职业技术课程，覆盖了大多数技术培训领域，只要学生完成相关学院专业的课程学习并达到毕业要求，就能较为顺利地在社会上找到工作。

2. 实用性

学院以社区需要和市场需求为导向，开展职业培训和学历教育，其办学形式灵活多样，表现出社区学院教学鲜明的实用性特点。学院的课程内容、课程设置以及学制年限等都依据学生需要和市场需求而定，办学形式十分实用和灵活，在社会各界人士中受到了广泛的欢迎。

3. 开放性

美国社区学院对招生对象不设限制，只要是想接受教育的人学院都会敞开大门，包括在职人员、高中毕业生、失业人士、残障人士、退休人员和家庭妇女等都是其招生对象，只要有中学文凭就可入学，而且无须考试。学院课程安排得很满，基本上全天都有，包括白天、晚上，周末和假期也不例外，学生可以依据自身情况灵活选择上课时间。

4. 多样性

学院具有极好的学习和成长环境，学生的发展空间也极为广阔，因为学院无论在办学层次和办学形式，还是在学生类型和投资渠道等很多方面都有着多样性和开放性。美国社区学院具有多种教学功能，其办学按照市场导向和学生需求，模式灵活多样，学生毕业后的就业出路也多种多样，这也使学院氛围更加浓厚，呈现出朝气蓬勃、欣欣向荣的态势。

5. 地区性

学院的直接管辖权属于地方政府，学院的主要经费来源也是地方政府。学院把服务地区经济和社会作为己任，密切联系当地政府和企业，有力地促进了当地的政治、经济、社会、文化等方面的发展。

二、德国"双元制"办学模式的发展经验

德国是世界经济强国，"二战"之后德国迅速崛起，经济很快复苏，"双元制"职业教育模式在其中发挥了重要作用，可以称得上是一件"秘密武器"。德国的办学体系和教学模式均采用"双元制"，这种办学模式是企业和职业学校共同合作建立的职业培训体系，以培养技术工人为主要目的，在国家法律制度的保障下，学校和企业进行分工，将理论与实践有机结合在一起，并将实践放在主要位置，培养学生的实践能力。"双元制"将学校与企业的结合优势最大化，在学校学习理论知识，然后到企业实践，将理论知识落实、学透，从而增强学生的实践经验，培养出社会需要的高级专门人才，并直接向企业输送人才，带动社会、经济和企业的发展。

双元制办学模式对企业和学校的时间做了有效的划分，比例一般为4∶1，企业培训时间占比很大，培训内容针对企业的需求而制定，通过对企业的车间、岗位要求摸排，培训教师与用人部门或车间结合实际情况来商定培训的具体安排，也就是"量身定做"以满足企业需求。

培训生可以带着培训项目进入企业，培训之前每位学生都要做好准备工作，事先对自己将承担的任务或工作有深入的了解，并制定一个培训计划，在工作中充分利用所学的知识，增强本领，结束时通过考核的方式来检验自己的实际能力，检查自己是否达到了预定目标。"双元制"为德国的经济增长带来了巨大的贡献，总结分析其特点，能够帮助我们学习其中的经验。

（一）三大特性

1. 理论结合实践的整体性

学生进入企业培训，生产性劳动是其主要的培养方式，这种方式将学习的目的性重点突出，能够帮助学生在学习结束后迅速进入状态，投入工作中。企业实习培训并非是见习或者参观，学生的身份同正式工人一样，也要严格遵守

操作规范，所以，在实习过程中要培养学生规范化的操作习惯，要让他们意识到自己不是参加所谓的模拟性生产实习，每个经手的产品都要认真对待，承担起自己的那份责任，生产出合格的产品。

2. 参与企业的广泛性

很多知名的大企业都有专门的培训基地，并配备专业的培训人员，而一些中小企业达不到这样高的要求，以自己的能力提供多样化、全面的职业培训显得比较吃力，但是他们可以和其他有条件的企业合作，或者是通过学校职业工厂的补充，也可以委托的形式让其他企业代培来参与职业教育，为自己培养工人。

3. 教育形式的互通性

在德国，学生有足够的学习选择权，在基础教育阶段，学生可以从普通学校转到职业学校学习，接受"双元制"培训模式的学生也可以进入高等学校学习，不过前提是在补习文化课后。

（二）两个主体

1. 两个教育主体

职业学校和培训企业是德国"双元制"模式中的两个教育主体，在这一职业教育模式中，两个主体分工协作，发挥各自优势，任何一方都是不可替代的。职业学校负责传授学生基础知识，培训企业则提供实习的经费和场地，二者互相协调，共同培养高技能的职业人才。

2. 双元管理主体

德国"双元制"的双教育主体导致了管理主体的双元性，每个教育主体分别属于不同主管部门的管辖范围内，即各州政府主管职业学校，联邦政府主管企业培训，互相之间不可干涉。

（三）双重身份

1. 被培训者具有双重身份

德国"双元制"职业教育模式下的被培训者具有学生和学徒的双重身份。被培训者首先要进入职业学校学习，成为一名学生，同时要和企业签订培训合同，建立学徒关系。

2.德国"双元制"模式的双重身份

具有双重身份的主体也享有双重的权利和义务，德国建立"双元制"职业教育模式的法律依据也有两套，分别是针对学校教育学生和企业培训学徒的法律依据。德国早在1969年就开始着手"双元制"职业模式的法律依据建设工作，此后陆续出台了《联邦职业教育法》《培训员资格条例》《实训教师资格条例》等法律，并在此基础上构建了"双元制"框架，以校企合作办学的形式培养人才。

（四）双经费来源和双证书制度

1.德国"双元制"模式的双元经费来源

德国的"双元制"职业教育模式因其有两大教育主体，教育经费的来源也是双重的，这是该模式的一个最大的有利因素。国家、州及镇政府承担受教育者在职业学校学习的经费，企业承担受教育者在企业接受职业培训的经费，在所有经费中企业的负担占70%~80%。企业承担的经费主要用于管理、指导、设备、耗材和生活补贴，每个月学徒都会有一定的生活补贴，同时企业每年还会为每位学徒提供培训经费。

2.德国"双元制"模式的双证书制度

德国"双元制"模式对受教育者的考核采取教考分离的方式，并实行两套证书认证标准。在职业教育学习期间，培训和考核分开，学习中期进行一次考试，考试中引进了职业资格考试制度，只有合格的学生才能参加结业考试，中期考试和结业考试都包括笔试和实际操作，以企业成绩为主，学校成绩只是作为参考，且两次考试均由国家统一组织、命题、参考标准、考核时间、阅卷以及发证都统一进行。最后通过结业考试的学生能够获得双证书，即行业协会的职业资格证书和职业学校的毕业证书。

（五）德国"双元制"理论与生产紧密结合的特点

德国"双元制"模式十分注重理论和生产的结合，因此在课程安排上配备了理论课与实训课两类课程，同时配备了教师与师傅两套师资，教师与师傅分别按照不同的大纲进行教学和培训。学生在职业学校主要学习理论课，教师按照州文教部制定的教学大纲进行教学，同时还会安排一些基本的实验和实训课，以补充企业实训涉及不到的内容；学徒在企业接受实训的过程中，企业必须安排有执教资格的师傅进行实训课讲授，并按照政府颁布的培训大纲进行讲解和训练。

（六）行业协会对德国"双元制"模式的作用

德国在每个行业协会设有专门的职业教育委员会，委员会根据《联邦职业教育法》的规定履行以下职责：制定规章制度、认定培训资格、组织技能考试、仲裁双方矛盾等。

（七）实行"双元制"的企业是职业教育的最大受益者

企业通过"双元制"直接培养大量实用型人才，既能为自身发展储备职业人才，而且不需要广告、零适应期，也不用承担风险，为人力资源的培训节约大量成本，企业职业教育得到了行业的认可，也大大提高了企业的知名度。

（八）政府为"职业教育攻势"活动搭建平台

德国连续多年以政府牵头，大力开展"职业教育攻势"活动，这项国家活动以青年人为活动对象，培养他们形成终身学习的能力，旨在夯实基础以推进青年人持续就业，将职业教育作为关注的重点，增加学习动力，确保国家有充足的技术力量，鼓励企业与职业学校以法律为基础建立职业教育联合体。

三、英国职业继续教育的发展经验

在1966年以前，英国的职业继续教育还不在主流教育之列，在这之前，英国高等教育对人文研究和理论教育十分看重，大学教育占据主要地位。1966年，英国政府发表了《关于职业技术学院和其他学院的计划》的白皮书，高等教育体系才有了职业技术学院的身影，和传统大学拥有同等重要的地位。通过几十年的发展，在英国政府强有力的支持下，高等职业教育呈现出生机勃勃、迅猛发展的态势，大量实用型人才源源不断地向社会输送，填补需求，工读交替的"三明治"课程模式和"现代学徒制"便形成了。

"三明治"课程模式以两学期相互轮替的方式进行，通过"理论—实践—理论"或"实践—理论—实践"的模式来培养人才。这种人才培养模式通过对学生进行两学期的课堂授课和企业实习相互轮替的教学，培养学生的职业素质以及综合应用能力。

"现代学徒制"是一种企业培训制度，是为了让学生获得国家职业资格证书,在"国家职业资格"(NVQ)制度下制定的一种制度。个人向企业提供工作能力凭据需要出示官方的"国家职业资格"说明,该说明由国家指定的认证机构颁发,不仅能为学生就业提供重要凭据,还能在今后的继续学习中使用,国家职业资格标准注重对企业雇员实际工作能力和岗位必备知识与技能的评定和考核。

(一)工学结合、学校为主

"三明治"课程模式包括"1+2+1"(或"1+3+1")和"2+1+1"两种教育模式。第一种教育模式将整个教育过程分成三个阶段：学生中学毕业后的第一年先在企业进行实习,然后进入学校学习相关课程,一般需要2年或3年的时间,在学校学完课程后再进入企业工作一年；第二种教育模式是指学生先进入学校学习2学年的相关课程,第3学年进入企业实习,第4学年再返回学校学习。

(二)校企合作

"三明治"课程模式需要学校和企业实习单位合作共同完成。由政府协调,学校与一些企业形成了长期稳定的合作关系,学生实习单位由学校专门的部门负责联系和落实,企业会定期跟学校相关部门沟通公布实习岗位需求情况；此外,学生也可登录网站发布个人简历信息,直接联系合适的企业,查询相关实习岗位信息,寻找合适的实习岗位。实习期间,学生能够从企业获得可观的报酬,每年大概有1万英镑至1.5万英镑。在1～2年的实习工作经历中,学生学习并掌握了工作技能,提高了职业素养,累积了工作经验,也为学生将来轻松就业打下了坚实基础,有些学生的最终就业就选择了实习企业。如果学生没有找到实习单位就不能完成学业,所以要想如期毕业需要学生找到实习单位并达到要求。

(三)企业为主的"现代学徒制"

"现代学徒制"计划是在1993年11月正式宣布实施的,其服务对象是16～24岁的青年人,为他们提供明确的学习方式,以工作本位、工学结合的学习路线前行,培养出满足社会需求的理论联系实际的优秀工作者。该制度将职业教育培养目标分为基础、高级两个层次,培养出的工作者也分别具有初级和熟练两个层次的职业技能。高级现代学徒制的学生,可以取得国家职业资格(NVQ)三级水平和关键技能二级水平及相关的技术证书。

第四节　国内外继续教育实践对继续教育体系构建的启示

一、构建继续教育体系应以立法为先

继续教育体系的构建并非一个自发、自然的过程，继续教育的立法与法治问题成为左右继续教育体系构建的关键因素之一。尤其在终身教育理念普及的初期，社会还没有自觉主动地提供继续教育机会和个人接受继续教育的主观愿望尚不足的情况下，这种对社会和个人在继续教育方面的约束和规范显得尤为必要。而且，只有通过法律法规的强制和规范，率先启动并建立起继续教育体系，社会和个人才能依据法律法规促进和发展继续教育。

通过研究比较先进国家和地区继续教育立法现状和特点，以及我国北京、上海、福建等继续教育发达地区采取继续教育立法的相关积极行动能够发现，继续教育的发展受到继续教育立法的影响呈现出积极的态势。同这些较发达的国家和地区相比，我国其他地区继续教育立法的进程相对缓慢，终身教育视阈下继续教育的新定义还未全面普及。因此，在考虑社会转型时期区域继续教育体系构建的策略时，首先应在构建学习型社会和终身教育体系的大背景之下，加快立法的步伐，以继续教育健康持续发展为目标，出台法律法规。另外，要扩大继续教育的受众范围，不能按照原有的范围只服务于专业技术人员，要面向各行各业不同层次、不同学历和不同年龄的人群，逐步形成严密而科学的继续教育政策法规体系。立法同时，加大法制宣传力度，增强法制观念，依法开展继续教育活动，使继续教育全面步入法制化、规范化的正轨。

二、充分认识继续教育规范管理的重要性

目前在很多地区规模开展的各类继续教育，多数还停留在针对某类人群的行业继续教育上，面向社会广泛开展的终身学习理念下的继续教育尚未形成规模，因此，面向继续教育的管理体制还未完全建立。发达国家设置专门的继续教育管理机构的做法，在一定程度上规范了继续教育的内容和模式，并结合市场化模式和经费支持，提供了财政保障和发展空间，促进了继续教育内容的丰富及面向人群的多样化，这些都是很好的范例，能为我国提供大量经验，有助于我国不同地区在继续教育上管理得更加规范，其发展空间也能得到拓展。

完善继续教育的管理制度，要做到三点：第一，设立继续教育机构的相关管理制度的建设要加强，对设立该机构涉及的各方面条件要进行量化规定，如资金条件、物质条件、人员条件等，保证资源不被浪费；第二，继续教育运行中的管理制度建设要加强，也就是说，教育活动的各个方面要实行规范化的管理制度，保证教学环节、教材、教师等方面都能在有序的情况下运行，能够按照教育规律严格地开展教育活动；第三，要时刻监督继续教育的教学质量，加强监督考核和管理制度的建设，本着公平、公正的原则，通过综合考评的方式对继续教育机构的教学效果进行评估，考评的结果和等级要及时公布，并传达到各类继续教育机构的手中，从而确保教学质量，使教育资源能够得到合理的优化和配置。

三、积极打造继续教育资源平台是发展继续教育的有效途径

继续教育资源平台的打造，基于我国的发展现状，应着重从发展继续教育机构的多元化、推进高等院校的开放和开发网络教育资源三个角度出发。我国继续教育资源不够丰富，施教机构单一，通过继续教育机构来实现继续教育也存在很多障碍，一是部分有偿提供继续教育资源的机构要收取高额的学费，这对于一部分人来说，在很大程度上限制了他们接受继续教育；二是机构提供的继续教育内容相对单一，学术性太强，缺乏实用性；三是服务的对象范围过窄，一些障碍群体、学习困难群体等特殊的群体也有很大需求，这些都没能得到重视。因此，应该借鉴美国的经验，让社会各界广泛参与其中，调动他们的力量把社会的各种教育资源充分利用起来，实现教育服务渠道、途径、形式等的多样化。另外，要正视正规教育与非正规教育、学术性教育与非学术性、实用性教育、学历教育与非学历教育、知识与技能教育和闲暇教育之间的关系，对两方面都予以足够的重视，并在其中找到平衡点。总而言之，推动继续教育的发展需要教育机构和社会组织积极、广泛地参与，利用各自的优势，将继续教育服务办出特色。

高等教育资源面向社会开放，是发展继续教育的关键。美国社区学院及高校的做法值得我们学习，高等教育机构应探索有效路径来实现高校的转型，加强办学的多元化与弹性化，拓宽入学渠道，提供更多的教育机会。我国高等教育机构应该借鉴美国宽进严出的做法，积极主动应对终身教育，向社会和成人放宽入学条件，加快开放的终身学习机构转型。实现这一点，我国继续教育必

将得到快速发展，继续教育工作的开展也必将取得显著成效。继续教育资源平台的搭建还需充分认识和高度重视，互联网技术与应用对我国利用后发优势构建继续教育体系所带来的前所未有的发展机遇，也是我国在教育资源相对短缺的条件下建立继续教育体系的重要保证。通过大力发展网络信息技术，逐步建立覆盖全国的、现代开放的远程教育网络，努力为全体社会成员提供不受时间和空间限制的各种高质量的教育和学习服务。

四、完善的评价认证制度是确保继续教育效果的关键点

继续教育的主要目的在于，在学校接受教育后，为个人随时提供充足的学习机会，培养个人自我学习的能力，谋求个人及社会的全面发展。实现这一目的的重要途径之一是激发个人持续且强烈的学习动机。要做到这一点，必须建立一种健全且成熟的个人学习成就评价、认证制度。这种制度本身就是对继续教育和终身教育各种实现形式的一种规范，它能够对学习者个体的学习成就做出准确衡量、中肯评价并给予学业认证，从而激发个体学习动机。

审视我国各地继续教育，仍存在着教育质量监控不足、教育成果评价与认证不规范、正规和非正规学习体制之间缺乏连接渠道等问题。发达国家的继续教育质量评价体系、继续教育体系的账户制、非正规和非正式学习的评估和认证制度给了我们很大启示。继续教育是一个系统工程，我们在关注教育质量提升的同时，也应注重继续教育成果的评价认证，提高和统一教育成果的认可度，消除继续教育成果在就业、晋级上的限制，避免对继续教育成果的歧视，使更多的学习者愿意积极参与到继续教育中，促使继续教育的受益人群不断扩大。

第七章 新时期高校继续教育运行机制的创新发展策略

继续教育的构成要素有多种,它是一个极其庞大的社会系统。要实现继续教育体系的创新首先要对构成这一体系的一些关键要素进行创新。这种创新可以是理念上的创新,可以是认识上的创新,还可以是实践运作中的创新。但是,社会系统和自然系统是极其不一样的,对社会系统的创新不能采用改造自然系统的思维模式。本章分为高校继续教育在规则层的创新发展、高校继续教育在表现层的创新发展、高校继续教育在物理层的创新发展、高校继续教育在运行环境中的创新发展、高校继续教育模式的创新发展五部分,主要包括继续教育的观念定位、高校继续教育的行为创新、继续教育的边界、高校继续教育市场培育与开拓策略等内容。

第一节 高校继续教育在规则层的创新发展

一、继续教育的观念定位

(一)发展观的定位

发展观具有非常广阔的含义,一般来说,发展观是一定时期经济与社会发展的需求在思想观念层面的聚焦和反映,是一个国家在发展进程中对发展及怎样发展的总的和系统的看法。发展观是一个复杂的观念,它是时间与空间的相互交织,它具有层次性、阶段性。所以,任何一个系统的发展都应当遵循:第一,发展包含空间上的差异性问题;第二,发展包含时间推移上的纵向问题;第三,同一个问题包含两种不同的子问题，一种是纵向上的层次不同的子问题，另一种是横向上的层次相同、方面不同的子问题。

1. 必须在科学发展观的指导下开展继续教育

高校在开展继续教育的过程中，首先要解决发展观的问题，而且必须要在科学发展观的指导下开展继续教育活动，这就要求解决两个最重要的问题。

首先，必须坚持历史唯物主义和辩证唯物主义的发展观，这是科学发展观的哲学基础，没有这个基础的发展观都是不科学的。这就要求继续教育工作者坚定认识，坚持以下几个发展观的普遍规律。

①事物是变化发展的。实质上，发展的过程就是旧事物被新事物取代的过程，任何事物都是运动的，任何事物都处于变化发展之中。物质世界具有无限变化、永恒发展的特点。②事物有规律地进行运动、变化和发展。在事物运动、变化、发展的过程中，有些客观规律是无法违背的。③内因和外因的辩证关系。事物发展的原因可以分为两种：一种是内因；另一种是外因。其中，前者指的是事物的内部矛盾；后者指的是事物的外部矛盾。④量变与质变的辩证关系。量变和质变的统一可以引起世界上任何事物的变化。质变以量变为前提，量变的必然结果是质变。⑤事物发展的前进性与曲折性相统一。随着事物的发展，新事物不断涌现并逐渐成长壮大，这个过程是极为曲折的，新事物战胜旧事物是必然趋势。

其次，必须坚持在科学发展观的指导下发展继续教育。科学发展观是党的三代中央领导集体对马克思主义关于发展的世界观和方法论的继承，是新时期我国关于社会全面、协调、可持续发展的重大战略思想，其核心是以人为本，根本方法是统筹兼顾。可见，可持续发展观是科学发展观的一部分，科学发展观是可持续发展观在中国的最新发展和超越；统筹兼顾其实就是系统方法论，尤其是社会生态系统论在处理社会问题中的具体运用。系统，尤其是社会系统，其存在具有明显的目的性，而其发展就是沿着合乎目的的路径前进。但是，针对具体的社会群体来说，其发展观却是不尽相同的，即使是同一个群体，在不同时期，发展观念也会发生变化。

因此，高校开展继续教育不能将高校的可持续发展作为唯一关注点，除此之外，还要重视企业可持续发展、企业职员可持续发展等内容，"以人为本"的科学发展观在一切教学环节中（包括设计课程）都应当得到重视。

2. 必须树立科学的职业发展观

根据萨珀的理论，人生职业生涯一般有五个发展阶段：一是成长阶段；二是探索阶段；三是建立阶段；四是维持阶段；五是衰退阶段。这一理论得到了众多学者的认同，已经成为一条普遍规律，此处对职业发展观的解释依据是劳动经济学。根据《现代劳动经济学》提供的曲线图来看，年龄与工资性报酬的曲线关系是：随着年龄的增长，工资性报酬逐渐提高，但是，其相关关系并不总是保持一致，这个变化的临界点就是赶超年龄A（overtaking age）。男性劳动者的整个职业生涯的工资率增长，有三分之二的部分发生在他们参加工作的头十年中。

女性劳动者的"生命周期中的在职培训投资"曲线图与男性的总体趋势一致，所不同的有两点：一是上升趋势比较平坦；二是赶超年龄A比男性的要短。研究还发现，女性劳动者进入劳动市场之后，其受教育水平与工资性报酬之间存在相关关系的峰值大约是十年，向前或向后都呈现下降的趋势。依据这些情况做出以下几点推论。

第一，培训随着年龄的增长而减少。在任何形式的培训情况下，受训者在接受学习的过程中都会出现生产率下降的情况，而且，企业中充当培训者角色的人也会因此而降低生产效率，这也应该算作培训的成本。因此，在发达国家的继续教育实践当中，培训的成本要么由受训者和雇主共同承担，要么大部分由受训者来承担。这样，在培训期间自然而然也降低了受训者的工资，但是如果受训者能够预期到由于受训后提高了生产率而获得更高的工资的话，他们也会愿意接受学习期间较低的工资而参加培训。如同人力资本投资一样，在投资之后能够取得的收益时间越长，则投资的收益越大。举例来说，一个25岁的员工和一个45岁的员工同时参加一个培训，学费同样是1000元，学时两个月，退休年龄都是60岁。25岁的员工参加这项培训后要比45岁的员工能够在退休之前多收益20年，他在这项培训中的投资收益自然也要多得多。因此，可以预期，劳动者在年轻的时候进行的在职培训投资是最多的，此后，随着年龄的增长而逐步减少。

第二，男性的赶超年龄A和职业生涯比女性的长，参加培训的机会也多。这是因为女性在养育孩子和照顾家庭方面发挥了重要的作用，而且，大多女性都会在生养孩子的时期退出劳动市场一段时间，所以她们的工作经验是不连续的，这是女性劳动者能够预见到的，因此她们一般都倾向选择在重新进入劳动市场的时候尽量不使自己现有的工作技能贬值的职业，这样她们参加培训的机会自然也就比男性少。

第三，高学历和在校学习能力较好的职员参加培训的机会要多。高学历和在校学习能力较好的职员由于学习能力较强，花费于在职培训的时间一般都要短一些，他们的投资成本就相对较小。但是，他们因此而获得的工资性报酬水平上升快而且上升时间长，他们能够从培训中学到更多的东西，从而把自己的能力发挥到极致，并能够获取更多的回报。因此，这些"在正规学校教育中投资更多的劳动者，同时也是在离校后的继续培训中投资更多的人"。

以上几点结论给高校开展继续教育的启示就是：要让企业用户对这些继续教育规律有所了解，要有选择性地推选继续教育学员，如一些年轻职员、工作十年左右的职员等，只有这样，才能使企业用户在继续教育中获得最高的投资收益，才能真正地保证继续教育的培训质量，从而产生良好的经济和社会效益，达到赢取用户好口碑的目的。

（二）竞争观的定位

"物竞天择，适者生存"这一自然规律在生态学中占据着重要的地位。与生态学不同，在社会系统中，人这一要素具有能动性、活跃性，人可以通过创造社会调节机制来规避残酷的竞争，人也可以选择恰当的时机引进竞争机制，通过竞争起到激励作用。竞争是个体或者群体之间赢得生存的重要手段，合作是群体内部赢得生存的重要策略，当然，个体之间和群体之间都会同时面临竞争、协作或者妥协的情况。一般说来，个人或者小集团（群体），大都乐于避免竞争，但是从辩证的观点来看，竞争是绝对的，合作和妥协的目的最终还是为了竞争，赢得个体或者群体的生存机会是最原始的目的，这是完全符合马斯洛的需要层次理论的。马斯洛认为，生理需要是最低层的需要，是缺乏型需要，只有满足了这些需要，个体才能有机会进一步追求更高层次的需要。

我国的孔子也提出了"庶、富、教"的观点，只有拥有充足的物质财富，解决了温饱问题，才能追求教育。再从系统论的角度来看，竞争意味着打破平衡，合作意味着趋向平衡，但是，极度的平衡就意味着系统的死寂，或者说系统停止成长。因此，针对社会来说，发展是永恒的话题，竞争也就因此而成为社会发展的必要手段。从社会方面来看，能够引发鲇鱼效应的有序竞争，是能够促进社会整体进步的。因此，高校开展继续教育，就是要更新竞争的观念，从原来避免竞争转变成积极主动地参与竞争，主动投入竞争的洪流中，通过竞争赢得能够使自身持续发展的生态位。既然竞争如此重要，在弱肉强食的全球经济化浪潮中，竞争变得更加频繁，无时不有，无处不在，那么任何逃避竞争现实或者一厢情愿地渴望和谐共处的良好愿望只能是光彩夺目的肥皂泡，经不起风吹浪打。毛泽东说过的"以斗争求团结则团结存，以妥协求团结则团结亡"可谓是辩证看待竞争和协作的经典语录。

这样看来，在如今市场经济环境恶化，市场法规不太完善，竞争几乎还是原始或者半原始的竞争方式，而自由竞争却无处不在的情况下，高校要开展继续教育，就不能等待环境改变或者等待机会自动来临。与其靠天吃水，不如掘井喝水，高校必须主动参与竞争赢得发展机会，而不是等政策、靠政策；如果自身没有竞争意识，很有可能会被别人排挤掉，"与其坐以待毙，不如起而伐之"，既然竞争是不可回避的现实，就必须主动出击，以攻为守。

从经济学的角度来看，竞争和垄断是相反的，尽管垄断可以集中社会财富做技术开发等重大的事情，但是过度垄断会使社会中下层集团失去安身立命的基本保障，这样不仅会引发社会重大变革，甚至会引起社会坍缩，而且，极度的垄断也会使垄断集团（系统）出现惰性，而社会中下层集团却由于没有发展所需要的物质财富而没有精力思考社会发展的问题，这样社会经济、政治、文化就会越来越落后。

面对各类继续教育服务机构之间的公平竞争，政府应当给予适当的鼓励，使教育机构的教学质量得到稳步的提升，对继续教育服务进行改进。同时，政府还需要对竞争进行合理的引导，防止竞争过程中出现不公平、无序性的现象。此外，信息高度不对称是继续教育市场中非常常见的问题，各类继续教育机构水平参差不齐，在这种情况下，政府更应当极力构建继续教育评价制度。

（三）教育观的定位

目前，高校继续教育的教育观的定位主要是要树立服务至上、大教育观和大教育资源观等观念，具体如下。

1. 树立服务至上的教育观

要树立服务至上的教育观，首先要对教育的主体观进行革新。教育主体观涉及教育者和教育对象两个要素，不同的教育主体观会导致对这两类教育要素有不同的协调（管理）方式，也会导致对教育结果评价的不同，以及教育作为服务的理念的变化。教育主体观是教育观的一部分。既然在当今时代的教育者是一个充分而非必要的要素，高校若要顺利和高效地开展继续教育，并在此领域中有所作为，就要彻底摒弃原有的教育观念，摆正心态，准确定位，在课程、教学、师资和管理，甚至评估等各个环节都要贯彻服务的理念。

首先，教育本身就是一种服务，继续教育更具有明显的特征，而服务也是一种特殊的商品，因此，针对继续教育这种特殊形态的商品，高校也应该通过各种手段提高和保证其质量，通过特殊的商业手段进行营销和品牌建设；而企、事业等继续教育的用户或者说客户当然也有选择和评价这种特殊商品的权利。这样，高校要在继续教育领域中异军突起，就必须改革教育观念。

其次，高校提供继续教育服务也应该和企业制造产品一样，要想在同质化越来越明显的商品时代立于不败之地，价格策略已经不能算作无往不胜的撒手锏，产品的差异化策略才是上善之选，这也是因为服务具有"品质差异性"这个特征决定的。

2. 树立大教育观和大教育资源观

大职业教育观的进一步升华就形成了大教育观，如何树立大教育观？就是要以普遍联系的观点来理解继续教育。各类具有一定相似性的教育都是一个个子系统，它们共同组成了一个复杂而巨大的系统，这就是整个教育系统，这是符合分形理论的。分形的概念是美籍数学家曼德布罗特首先提出的。分形理论包含两个重要原则：一个是自相似原则；另一个是迭代生成原则。在通常的几何变换下，分形具有不变性，也可以称之为标度无关性。

分形理论不仅是一门新兴的横断学科，还是非线性科学的重要分支。这一理论的重要启示就是，继续教育完全可以被认为是教育系统的一部分，这是由它们之间的相似性决定的，当然，继续教育有其自身的特征。因此，需要摒弃原来认为大学教育是终结性教育并与继续教育割裂开来看待的观念，而应当把继续教育当作教育体系的一部分来看待。尽管终身教育的观念已经在广泛意义上普及，但是在很多时候继续教育却被认为是临时应急的措施，也很少有长远的规划和长远的目标。

针对高校继续教育来说，首先，应该将"继续教育纳入职业教育体系"。继续教育和职业教育需要在统一的视野中进行考察，这样才能实现这两类教育的统筹和协调发展，做到职前教育与职后教育的衔接。其次，从终身教育的观点来看，进入职业领域之前的各类教育（在此可称之为职前教育）绝不是终结性教育，继续教育更加应该纳入职业教育体系。这是因为，现代人与古代培养希腊、罗马演说家不同，只需要掌握有限的知识就可以一辈子安身立命，而在当今时代，知识和技术革新速度日益加快，很难通过一次性的学习就获得未来职业生涯中所需要的全部知识和技能。"有研究表明，就教育传授的知识的适用期看，基础教育的知识可用15年，高等教育可用10年，而职业教育则只能用5年。"因此，将继续教育和职业教育结合起来，也是个人职业生涯顺利发展的关键。最后，无论是普通教育还是职业教育的学生，最终都要进入职业领域，从事职业活动。这样，在继续教育阶段，必将使普通教育和职业教育的体系融合在一起。此时，继续教育就成为现代教育体系中的重要组成部分。高校继续教育的系统边界具有一定的模糊性，如果把这个边界稍微扩大一些，继续教育系统外的事情就变成了系统内部的事情。这种站在系统外部看待继续教育系统内部问题的观点，可以做到各个系统之间的协调和统筹，将原来的狭隘的教育观扩大。

如何树立大教育资源观？对自有的资源进行整合，并在此基础上采用市场机制对社会资源进行调配和调集，充分利用各种社会资源使其服务于继续教育。首先，高校的继续教育部门要通过校方当局整合本校各部门的资源，为继续教育创建自有资源平台。其次，高校的继续教育部门要整合社会资源，为继续教育创建外部资源平台。高校要解决继续教育资源不足的困境有两条途径：一是高校靠自身的长期发展，逐渐积累继续教育的资源；二是通过市场交换机制和市场共享机制，直接借鉴或借用普通高等院校、社会培训机构、企业大学、企业用户甚至国外的继续教育资源，扩大可资利用的教育资源。对于高校的继续教育部门来说，开展继续教育的财务权不独立，资金又捉襟见肘，不思变图强很难走出教育资源困境。

了解我国继续教育理论的发展情况之后，需要对三个方面进行处理。①进行继续教育的理论研究首先要构建一个初步的理论框架，在这个过程中，要积极地收集、整理与之相关的社会学科理论。②继续教育研究中必须用到的方法有两个：一个是定量研究；另一个是实证研究。③将继续教育协会的研究功能充分地发挥出来，对继续教育的研究团队进行组织，保证继续教育课题开发的整体性、系统性。

二、继续教育其他方面的制度创新

①完善继续教育证书制度，从而实现国家层面的证书统一认证和管理。②构建继续教育评估制度并进行进一步的完善，形成多元化的评估指标体系，从多个侧面对继续教育进行综合加权评价，包括经济效益方面、教育收益方面等。③对继续教育协会制度进行改革，使协会的学术研究功能进一步加强，使协会的资源调配功能进一步增强，使继续教育协会的教育培训服务功能逐渐弱化，在最大限度上维持各个继续教育机构之间竞争的公平性。

三、高校继续教育在规则层的国外经验借鉴

对科技人员的继续工程教育是世界上科技较发达国家普遍重视的问题。首先，发达国家均采用立法的形式保障劳动者接受继续教育的权利。例如，法国在1971年就以立法形式规定：劳动者有继续教育的权利，所有的劳动者都应有机会接受继续教育。现阶段，全法国有15000个各种类型的培训中心，每年接受继续教育的有文凭的工程师达18%。而美国每年有50万以上的工程师接受各种形式的继续工程教育。虽然美国具有很多高学位就业机会，但是大多数学生还是选择在工作中进修，他们一般在大学毕业后开始工作，而在工作的同时获得更高的学位。美国的一些地区要求工程师每年参与的培训中继续教育课程不得少于150个小时；医生必须做到每三年进修一次。其次，发达国家在继续教育的经费方面有强有力的保障措施。例如，德国每年在继续教育上花费的资金非常多，甚至超过了普通学校教育。最后，发达国家有充足的继续教育培训机构。在德国，几乎每个有条件的企业都设有继续教育的组织培训机构。尤其是在创建新企业时，首先必须创建继续教育机构。尽管我国也越来越重视继续教育，原国家人事部、劳动部和组织部等部门以及各地方政府也都制定了继续教育的各种法律文件，但是这些法律文件基本上没有法律强制力，与国外的强大的资金投入力度也相差较远，其背后的深层原因也与我国对人力资本、人力资源的观念认识不清不无关系，未能从员工技术提高的角度深刻认识其经济效益和创新的价值。

第二节 高校继续教育在表现层的创新发展

一、高校继续教育的预期目标需要重新定位

（一）预期绩效定位

继续教育培训的结果最后总是要体现在日常的生产实践当中，所以，不仅可以通过教学成绩来测量继续教育是否达到预期的培养目标，也可以通过测算参与继续教育的各方对继续教育的经济投入和产出的情况来考察其经济效益。可见，预期绩效更多的是在数量上测算继续教育的预期效果。

相对而言，对于教学成绩的测量无论从技术上还是从实际操作上都是很

简单的，但是对于其经济效益的测算就比较复杂。其主要有两方面的原因：第一，教学的成绩和教育的经济效益并不是直接相关的，高分低能的现象屡见不鲜，员工在继续教育的成绩测试中可能会获得高分，但是在实践操作当中却不一定会转换成生产力；第二，教育的效果要产生经济效益有一定的时间滞延性，职员学习到的技能或理论并不能在短时间内产生明显的经济效益，即使在以后的时间产生了经济效益，用户也很难体会到是否是继续教育的功劳，所以这就要求在课程设置的时候尽可能与生产实践中的实际问题紧密结合起来，兼顾教育的经济效益的长效性和短效性。当然，不管是哪种情况，最好对需要参加继续教育的员工进行一次前测，继续教育培训结束后再做一次后测，这样最有说服力。

（二）预期质量定位

预期质量定位主要考量的不是继续教育效果的感性认识，而是测量受训员工知识和技能的增量，或者说培训前后的差别。拿车工来说，就是受训前后的合格品的数量上和质量上的差别等。这一点实际上和测量经济指标是相关的，区别是不用转换为货币单位。这就要求用解决实际问题的方式来评价和分析继续教育的培训结果。因此，高校继续教育的质量目标应该是：为学员提供具有职业针对性的培训服务，涵盖了知识、技术、职业素质等各个方面，培养大量高素质的技能型人才，极力满足学员、企业、社会等各方的要求。

二、高校继续教育的行为创新

（一）政府的整体规划和远景规划

继续教育不仅是开发人力资源的重要手段，还将科技、教育和人才三者有机地结合了起来，它具有较强的社会性。在一定时期内，政府在继续教育的发展中发挥着重要的作用，除此之外，政府还直接影响着继续教育的政策和规划，所以，政府应当以高校继续教育的特点为依据，并结合实际情况，提前进行全面的统筹规划。高校开展继续教育，不仅仅是高校和企业的事情，政府部门也不能置身事外。政府要以积极的态度对继续教育进行宏观规划，与高校、企业共同实现继续教育发展的美好愿景，这样，不仅为高校继续教育的发展树立了明确的目标，还有效地避免了社会资源的浪费。

（二）高校教育与继续教育协调发展

从功能的角度来说，高校教育发挥的主要功能是主体教育，而继续教育发挥的主要功能是社会服务；从整个职业生涯的角度来说，继续教育以高校教育为前提，将高校教育阶段视为前教育阶段，而将继续教育看作高校教育的延续，高校教育与继续教育之间相互衔接、相互补充，两者协调发展，辩证统一。

首先，对于高校教育来说，继续教育的开展是一个重要的战略步骤，它促进了高校教育业务的多元化。高校教育业务多元化体现在两个方面。第一，办学形式的多元化。学历教育一直以来备受欢迎，高校要对这一格局做出改变，对办学形式进行及时的调整，对社会需求的适应要遵循灵活性、大众性和多样性，将非学历教育引进大众视野中，大力举办各种类型的非学历教育，重视灵活多样的高层次培训，增强上岗竞争力，与此同时，也不能忽视继续教育这一重要任务，继续教育的核心是获取新知识、寻求新发展、培养新技能。第二，教育内容的多元化。以市场需求为依据，实现教育内容的多样化是高校教育与继续教育的共同追求。

其次，高校继续教育的开展，能够充分发挥自身优势，办出高校继续教育特色。继续教育不是高校教育教学内容的简单重复，也不是高校教育教学环节的简单复制，它是高校教育完成后的更深层次的追加教育，所以，高校教育与继续教育之间存在着本质的区别。与高校教育相比，继续教育一般具有更高的技术要求层次。正因如此，高校教育要做好在技术层次上随时超越继续教育的准备，高校既要对自身的优势有一个充分的了解，又要对继续教育的发展情况了然于心，将"学以致用"作为教学目标，实现特色办学。

最后，高校开展继续教育的同时，高校教育校企合作的途径也在一定程度上得到了拓展。高校开展继续教育对高校和企业来说都具有一定的优势，使高校教育与企业合作的需求得到了满足，使企业继续教育的需求得到了满足，使高校教育缺乏实训基地的问题得到了解决。

（三）继续教育的教学定位

首先，继续教育的教学定位主要体现在目的性、计划性和系统性三方面。与任何一种类型的教育一样，教学是一种人类特有的人才培养活动，它由两部分组成，即教师的教、学生的学，教师通过教学这一活动对学生的学习过程进行有计划、有组织的引导，调动学生自觉学习的积极性，加快学生掌握文化科学知识的速度，培养学生的基本技能，全面提高学生各个方面的综合素质，使他们真正地被社会所需要。可见，凡是一种正式的教学活动就具有非常鲜明的目的性、计划性和系统性，这与企业等组织的生产过程有类似的性质，企业等组织也是有计划地生产产品或者提供服务的，从社会组织的角度来看，这也是符合分形论的。

其次，继续教育的教学定位，除了准确掌握用户的真实需求外，最关键的就是与用户的时间协调。在当今社会化大生产的时代，"时间就是效率"等观念几乎成了真理，因此，双方的计划性无不体现在对自身业务活动的时间的安排、调节和控制等方面，只不过前者关注的是教育中教学活动的时间因素，后者关注的是生产或者服务活动的时间因素。

最后，继续教育的教学定位，需要高校适应用户的时间安排，采用灵活的教学方式，凸显为用户服务的教育新理念。相对而言，企、事业单位由于设备、设施固定不动，难以迁转，有些企业仅仅短时间停工就会造成巨大的损失，如生产硫酸的企业，一旦停工，几乎整个生产设施就会由于硫化物凝结而报废，因此，这些企业的职员几乎很少能够脱离自身工作活动所依靠的设备或者设施。事实上，高校适应企业等用户单位的时间安排实际上就是为用户节约生产时间，为用户创造价值，这是继续教育服务理念的重要体现。

1. 教学时间定位

继续教育的教学时间定位，最重要的就是要解决教学的灵活性和时效性（时间要求）问题。无论是对社会、社会组织还是个人，继续教育的本意和出发点是非常好的，但其培训计划总是因为各种原因最终不得不流于形式。教学过程、教学结果的评估也都难免会流于形式，究其原因，最重要的一点就是继续教育学员工学冲突导致的时间分配的矛盾。如果继续教育由客户自己完成，那么时间的安排完全也是自主的，但是如果由高校来开展，这就涉及时间冲突的问题，因为无论是企业还是事业单位的用户，他们都有自己的生产或者工作时间安排，高校开展继续教育也需要按照时间计划执行教学行为，双方的时间计划难免会发生冲突。

为了解决这个问题，高校就需要转变教育观念，一方面，要和客户协调继续教育的时间；另一方面，要以灵活的方式满足用户的各种教育需求，并在制度上保持弹性；使构建的继续教育体系具有层次性、多样性，从而最大限度地满足用户在各个文化层次上的教育需求。

2. 教学方式定位

高校要"以用户需求为导向、以用户时间为前提、以用户现场为教学基地"开展继续教育活动，才能灵活、务实地与用户实现良好的时间安排和培训场地的协调，在满足用户需求的基础上才能获得良好的效益和口碑，这样做是从两个源头为用户节约继续教育的成本，一是直接减少了继续教育的费用，二是节约了用户在继续教育活动上的时间支出，相对而言，这就是为了尽可能延长或者保证用于生产性活动的时间，解决由继续教育而导致的利润减少的问题。

此处所言的教学方式和教学方法是不同的。教学方式是指为了适应用户单位的要求，是选择来客培训还是上门培训以及具体科目的适当的教学形式；在教学过程中综合运用的各种方式和手段被称为教学方法，在教学中运用教学方法的目的是完成教师和学生共同的教学目标和任务。在具体科目方面，也可以与用户协调商定具体的教学形式，如公共课或者理论课可以采用集中授课讲授或者集体观看投影节目的方式，也可以采用理论与实践过程相结合、在实践中分散教学的方式等；对于实践性较强的课程，可以采用理论讲授—实验室操作相结合的方式，也可以采用实际工作环境的现场讲解—现场操作的方式。

教学方式的定位问题就是要以灵活、高效、务实为原则，以用户的需求、工作环境、工作计划为导向的继续教育的教学活动的安排策略和手段。最重要的一点就是，不是采用一种包打天下的教学方式来垄断整个继续教育的过程，而是要根据具体的科目和授课环境采用各种最贴切的教学方式，灵活机动地综合运用"专题培训、案例式培训、课题研究、导师指导、学术沙龙、论题答辩"以及"电化教学、教师传授、学员自学、岗位实践""项目式、菜单式"等教学方式。在课程设计的时候，要由学校、用户单位、学员以及行业代表等组成课程设计小组，针对不同的科目，四方代表协调商定一种或者几种教学方式以备参考。

（四）成本控制和成本管理

从市场经济的角度来看，成本这一因素在资源的开发和利用中都非常重要，同样，继续教育在开发人力资源时也要重点考虑与成本相关的问题。在这里，我们主要对两点进行阐述说明：一是培训成本的核算问题；二是减少培训成本的问题。高校在获取利润的同时还要尽力缩减受训人员或有关单位的费用，使双方能够长久合作和持续发展。因此，高校不仅要保证收费的合理性，还要保证成本核算的科学性。

1. 培训成本的计算

一般来说，固定成本和变动成本共同组成了培训成本。其中，前者主要包含的内容有：①教师酬金；②教室使用费；③教学设备使用费；④工作人员劳务费；⑤其他费用；后者主要包含教材费等内容，学员人数的多少直接影响了变动成本的多少。当培训收入与培训成本相等时，依据盈亏平衡分析理论，可以采用以下公式计算各位学员应当缴纳的培训费用。

$$X = B + (G - Y) / R$$

其中，X 为每位学员缴纳的培训费，B 为每位学员的变动成本，G 为固定成本，Y 为办班支持经费，R 为培训班学员人数。依据公式可以发现：X 与 R 之间呈现负相关，也就是说，培训班学员人数越多，培训班内每位学员缴纳的培训费就越少，但是，培训成员不可能无限增多。所以，降低成本的一个重要因素就是选用适当的培训规模，培训规模受到软、硬条件的制约，包括教学设施、培训效果等。

2. 减少培训成本的措施

①扩大规模。可以同一时期为多个用户单位提供人才培训的机会，以此来扩大培训规模，从而减少培训成本。②科学管理。促进培训组织协调、加强培训组织管理是减少培训成本的重要举措，包括更加周密的培训计划、更加合理的报到时间、更加合理的人员安排、更加经济的教学设施、更加便利的交通条件、更加有效的空间利用。③勤俭节约。严格审批费用支出，坚持专款专用的原则，合理安排培训经费的用途，做到勤俭办事。

三、高校继续教育在表现层的国外经验借鉴

在表现层，高校能够借鉴的国外经验很多，如教学方式、管理方式等，在此，一并归结为"以效益为追求"目标，注重投资的回报率。

首先，高效益是以高质量为前提的，因此，一般来说发达国家的继续教育质量都很高。德国的继续教育教学质量目标的实现主要涉及三个方向：其一，使继续教育体制不断完善；其二，使继续教育管理者的素质不断提高；其三，逐渐达到预期的学习、教学效果。在德国，人们普遍认为继续教育是一种职业。为了培养继续教育人才，德国大学设立了专门的专业，一般以两年为培训期限，培训期满将颁发继续教育专业的学位证书，得到这一证书后就可以从事与继续教育相关的各项工作，使继续教育的质量得以提高。

其次，教师的授课质量也是继续教育应当重点关注的问题，教师授课质量的高低直接影响了学生学习质量的高低。德国存在着"继续教育洪灾"这一称谓，它指的是那些呆板、满堂灌的教学方式，这样的教学方式只是将信息传递给听众，不是真正意义上的学习，学员无法从中获取知识，只会增加学生的负担。真正的学习是信息加工和处理的过程，教师的授课旨在帮助学员快速和有效地重构这些信息。

再次，要想使继续教育课程质量得到保障，就必须建立一个完善的继续教育体制，继续教育体制的建立和完善推动着继续教育事业的蓬勃发展，它对继续教育的开展是否顺畅起到了决定性的作用。

最后，适当的班级规模也是保证继续教育质量的重要因素。德国继续教育首先追求的就是教育质量，为此，德国继续教育的班级规模一般都比较小，能够保证较好的学习效果。德国崇尚小班教学，一个培训班的人数在合理的范围内应当尽量少。例如，研讨班的人数一般控制在18～20人；而专题讨论班的人数则控制在4～10人。这种小型班设置和实施的主要目的是使教学效果得到保障，使每一位学员都有机会全神贯注地去收集和加工信息，使培训课的效果最佳、作用最大。当然，在我国采用小班制可能会导致成本过高，但是，高校在具体的继续教育实施过程中，可以采用大班授课和分组研讨等相结合的方式，兼顾成本和培训效果。

第三节 高校继续教育在物理层的创新发展

一、继续教育的市场和需求定位

（一）市场定位

1. 市场的精细区分

在市场竞争机制的激励作用下，高校开展继续教育要做到以市场需求为导向，对市场规则进行全面的适应，对市场的区分度进行精细的识别。原来区分度是指测试题目对所测试的属性的鉴别力，也就是测试的效度。而市场的区分度指的是市场需求的差异性，具体来说，就是市场需求的类别和市场需求的层次。正因如此，对待用户群体的意见，高校必须虚心倾听；对待用户群体的需求，高校必须深刻了解；并以这些调研资料为基础对职业培训、继续教育、学历形态教育进行细致区分，同时，高校还要明确自身在学科建设和师资力量方面存在的优势，从而抓住真正有需求的继续教育用户群体，并对其需求的类型和层次进行仔细的分析辨认，做到了然于胸，保证培训张弛有度。实质上，市场精细区分就是差异性营销战略的实施。

如何精细区分市场呢？首先要对市场因素进行统计，对它们的归类必须要合乎逻辑，在此基础上对市场的不同类型进行划分。消费者市场是高校开展继续教育的主战场，将整体市场划分为若干消费者群体依据的是消费者需求因素的差异性，这些消费者群体的需求和愿望大体相同，每一个消费者群体就代表了一个细分的市场。在高校的继续教育中，消费者市场细分的标准主要包含：①产业；②行为因素；③地理因素；④心理因素。

2. 市场的精准定位

20世纪70年代，艾·里斯和杰克·特劳特共同提出了市场定位这一概念，所谓市场定位，就是以竞争者目前拥有的产品在市场上的位置为依据，调查顾客对该产品在特征或属性上的态度，为本企业产品塑造形象，这一形象的塑造不仅要独特、新颖，还要容易给人留下深刻而鲜明的印象，将这种形象传递给顾客并让顾客接受这一形象，从而确定该产品在市场上的位置。

高校不仅要分析自身在目标市场上所占的位置，还要分析各类竞争对手所占的地位，在分析的过程中，高校既要结合继续教育消费者的需求，又要结合自身的实际情况，使本校继续教育服务占据有利的竞争位置，从而制定有效的市场策略。还需要注意一点，在进行市场定位时要非常慎重，必须要深入调查、反复比较，寻找突破口，避免出现偏差的情况，如定位混乱、定位过窄等。理想的定位一旦确定，就必须要维持这一定位，对此进行实时的监测，做到对目标顾客和竞争者的变化心中有数，实现以变应变。

（二）需求定位

实际上，对继续教育的需求定位就是进行市场需求分析。洞察消费者的需求是企业市场分析的重要内容，其关键就是洞察消费者，或者说消费群体，其主要内容就是观察消费者的数量及其变化，获悉市场需求、消费习惯、消费心理、消费模式、消费者的整体知识水平、消费者的生活方式以及市场的经济状况、政府的法律法规、物质和科技水平对消费者的影响。掌握了消费者的需求也就对产品或者服务的应然发展方向和具体的生产或者服务方式、方法以及营销方式和渠道做到了胸有成竹。

从某种意义上来说，良好的继续教育市场需求分析是继续教育顺利开展并获得良好效果的首要环节，它是设定继续教育目标、设计培训方案的前提，也是进行培训评估的基础。

1. 需求总量定位

继续教育既然是一种特殊的商品，那么，也会遇到需求总量限制，这就是市场容量的问题。一定时期内，在忽略产品价格和供应商策略的作用下，市场可以吸纳某种产品的单位数量或者可以容纳劳务、服务的单位数量，这就是市场容量。市场容量的构成因素分为两种：一种是使用价值需求总量，另一种是可支配货币总量。贫困的消费群体的特点是只有使用价值需求没有可支配货币，富裕的消费群体正好与之相反，它只有支配货币没有使用价值需求，也被称为持币待购群体，这两种现象均不能实现市场容量，造成这种状况的原因是缺乏消费要件。

可见，有市场容量，交易才能顺利进行，经济才能得到发展，商品提供者才能得到可持续发展的机会，否则就会出现经济失调。扩大继续教育市场容量有三种基本思路：一是政府要加强宏观调控，根据行业和企业的继续教育需求及时通过税收杠杆调节其可支配的继续教育基金，避免企业之间由于竞争丧失参加继续教育的机会；二是企业要加强科技创新降低运营成本，提高商品使用价值、增加个别企业的利润，使继续教育为科技创新和增收节支直接服务，从而达到市场容量扩容的目的；三是高校要主动走向企业，深入企业生产的前线，捕捉企业技术的发展空间，为企业的创新提供必要的咨询服务，以此来提供继续教育的可能性和机会，从而先入为主地增加继续教育的市场容量。

2. 需求群体定位

既然继续教育是一种特殊的商品，那么，高校就要对潜在的客户群体或者消费群体做好科学的细分，找准这些需求群体的特殊性，然后提供具有差异性的教育服务。在此，消费群体有两层含义：一是需要区别作为集团用户的行业、企业或者事业单位，高校需要根据自身的优势，针对特定的用户集团提供继续教育，而不是向所有可能的用户普遍提供继续教育，这就是要做到"有所为，有所不为"；二是针对特定的用户集团，还要区分具体的教育对象，如其工段、工种等职业类别，做到教学课程、评估手段等具有针对性。高校应该根据自身的师资力量和学科优势，结合市场需求状况，精确命中需求群体，而不是广泛出击、全面撒网；每个院校的继续教育业务必须做到差异化、特色化、专门化和专业化，形成各自的品牌效应。

3. 继续教育的内容定位

一方面，"继续教育课程在开发的过程中变数颇多，造成这种现象的原因是学员本身存在着成人性和工学矛盾性等特征"，另一方面，"许多继续教育基地的培训内容缺乏针对性、培训课题陈旧"，严重影响了继续教育培训工作的开展。可见，必须通过市场需求调研工作，把准企业和培训对象的需求脉搏，做到"量体裁衣"，科学地制定继续教育内容，这就是继续教育的内容定位问题。继续教育内容定位问题的核心就是课程的问题，其关键是解决课程的前沿性和实用性问题，这是促进继续教育发展与质量提升的关键。一般来说，继续教育课程具有信息量大、内容更新快、针对性和实用性强等特点，故不宜沿用学历教育的课程设计模式。继续教育内容的定位最终体现在教材体系中，因此建立教材体系是继续教育实施过程中的重要环节。就目前情况来看，国内继续教育尚无统一的科目指南，可以根据企业的具体需求，按照培训的层次和级别设置若干具体科目，再按科目选择课程和具体教材。在继续教育活动中，负责继续教育组织工作的人员是该活动的管理者，他们主要的职责是对继续教育的日常事务进行管理，对继续教育中出现的各项事务进行管理和协调，在课程开发过程中，也发挥着监督和管理的重要作用。继续教育的开发者主要是指在某一专业领域中，理论水平和实践技能较高的专业技术专家。一般来说，专业技术专家在本专业领域从事多年，积累了大量丰富的经验，具有深厚的专业理论基础和超强的专业实践能力，有较多的机会接触专业领域前沿的新信息、新理论、新方法、新技术等，他们是课程开发中理所当然的主要成员。

二、继续教育的师资定位

（一）教师队伍的定位

高素质教师队伍的建设和配置是保障继续教育高质量完成的重要因素。单个教师素质的提高和教师队伍整体素质的优化，是建设和配置高素质教师队伍需要解决的重要问题。单个教师负责继续教育的各个环节是非常困难的，正因如此，需要采取教师队伍的团队建设和整体素质优化组合的重要举措。解决继续教育教师队伍的定位问题应做到以下几点。

首先，对培训者的角色定位问题进行明确。开展继续教育，不管是面对工商企业还是面对事业单位，教师都扮演着多重角色，包括技术专业化发展的研究者、学员学习的合作者、培训课程的开发者、学员进一步学习的服务者等，在继续教育的过程中，教师要依据不同的进程和阶段及时地进行角色转换，通过良好的社会角色准备促进教学过程的顺利进行。

其次，在继续教育过程中，以真实的教学任务和课程计划为依据构建一个高素质的教学共同体。教师的素质主要指教师的教学能力、科研能力、社交能力、随机应变能力等能力结构；教学共同体主要指各位教师的相互配合和优化组合，教学共同体所强调的优势不是个人的能力，而是团队集体的能力，"三个臭皮匠赛过诸葛亮"就是一个鲜明的例子。

最后，开阔教师共同体建设的思路。一支高水平、高质量的培训教师队伍不仅要具有较高的权威性，还要具有超强的理论水平和超高的实践能力，这就要求教师团队不仅要专兼结合，还要具备合理的结构，如果高校内部的教师不能满足继续教育的要求，由社会聘请的教师也可参与教师团队的组建。正因如此，为了使继续教育过程中出现的实际教学问题能够顺利解决，高校内部教师的培养和从校外聘请、引进可以并行共举，多管齐下。

（二）教学资源的定位

高校可利用的教学资源大多服务于学历教育。在继续教育方面有需求的大多是一些工商企业和事业单位，他们的需求大多与新技术、新理念相关联，因此在继续教育教学中会涉及各种新型设备，从而造成高额的费用，这对高校来说显然难以接受。但是，高校不提供这些新型设备就难以实现继续教育预期的教学效果，这样，非但不能提高继续教育学员的实践能力，还使继续教育课程变成了纸上谈兵。为了解决这一问题，需要考虑两方面内容：其一，现阶段计算机技术发展较为完善、软件技术发展也较为成熟，可以通过计算机仿真技术来达到降低购买设备成本的目的；其二，转变观念，扩大教学资源范围。

第四节　高校继续教育在运行环境中的创新发展

一、高校继续教育市场培育与开拓策略

即使产品质量再好，企业也要面对市场、走向市场才能实现商品的双重价值，即商品的价值和使用价值。高校的继续教育同样要面对市场、走向市场才能赢得广阔的天地，取得更好的教育绩效。企业面对的是商品交换市场，高校面对的主要是教育服务市场。企业以产品来面对市场，高校以继续教育服务来面对市场，商品是不同的，但是道理是一样的。

高校开展继续教育，就是选择适合自己的市场环境并主动进行培训和开拓，这一过程不同于动物被动地适应环境，它不仅体现了人的能动性，还体现了人的创造性。具体来说，需要对以下方面进行处理。

首先，高校要对自身的优势有一个明确的认识，具备继续教育开展所必需的条件，形成独具特色的继续教育。现阶段，市场上的继续教育培训大多集中在中低层次，缺乏较高层次的继续教育培训，高技术含量的生产领域尤为缺乏。正因如此，高层次的继续教育培训才是高校的重心所在，只有这样才能将高校的优势充分发挥出来，为社会培养更多高技能、高素质的复合型人才。当然，高校的继续教育部门也要主动寻求更多的资金来源，如可以按照"谁出资，谁受益"的市场交换原则，吸引大量企业参与到高校的继续教育事业中，实现高校和企业的强强联合，为高校的学历教育和校企合作打下坚实的基础。

其次，高校要树立市场观，在继续教育业务中融入市场经济的观念。第一，高校要存在市场竞争的意识，主动参与到市场竞争中；第二，高校要有经济效益和成本的观念，并以经济效益为中心同时兼顾社会收益和教育收益；第三，高校要重视激励机制的引入，大力鼓励创收，将职工的工资和奖励与工作的数量和质量关联起来；第四，高校要主动进行市场开发，开展多层次的市场营销和宣传活动，吸引培训生源，扩大培训群体；第五，高校要贴近市场需求，对市场需求进行深入的调研，深入生产实际，将学员需求与市场需求相结合，并以此为基础重新设计继续教育培训专题，开发继续教育培训课程。

二、高校创建继续教育品牌

（一）继续教育品牌的内涵

产品有产品的价值，品牌有品牌的价值，品牌以产品的质量为基础，产品的质量是品牌的生命；作为市场竞争焦点的服务，不仅是品牌的重要支撑，也是商品不可或缺的一部分；品牌在市场上、消费者心中所表现出的个性特征就是形象，它是消费者对品牌的评价与认知；品牌的成功依靠的是优秀的管理，管理创立、发展、创新是品牌走向成功的必经之路；继续教育的品牌不是哪个组织制造出来的，也不是某个个人制造出来的，而是依靠团队的努力共同打造出来的。继续教育的品牌也必须重视质量，以质量为基础，靠质量来保证，给用户形成长期的印象。

继续教育的品牌保证了高校继续教育服务的质量和信誉，是用户进行识别的分辨器，主要用于高校继续教育这种特殊商品的识别，它是继续教育用户对高校继续教育服务认同程度的重要体现。多种元素共同组成了这种被认同的价值，这种被认同的价值需要一定的时间通过一定的手段来塑造，包括教学管理、公共关系等各种手段。但是有一点需要注意，品牌也有正面和负面之分，因此继续教育的品牌塑造最终还要走名牌战略。

（二）继续教育品牌的塑造

高校继续教育的市场营销是一个综合的管理过程，高校在这个过程中必须要保证各要素的差异化（营销组合的差异化），这就是我们所说的差异化营销。差异化营销战略的实施必须要达成三个目的：其一，获得特定的继续教育需求群体；其二，使继续教育的营销效率有所提高，形成局部优势；其三，有效的自我保护，尽量避免出现与竞争者的正面冲突的状况。在实施差异化营销战略时会涉及一些要素，具体介绍如下。

①继续教育服务项目或类型。从两方面进行阐述说明，一方面是提供给继续教育学员的内容，包括培训项目名称、培训学习辅导、培训课程类型等；另一方面是提供给企业的内容，包括学员考勤表、学员学习效果评估报告等。②服务定价。服务定价是向学员收费的依据，高校主要以项目或类别的层次、课时为依据对继续教育服务进行定价。③服务的地点或者营销的渠道。高校的继续教育服务内容和类型丰富多样，其教学形式和地点也各不相同，如高校、用户单位、网上远程授课、面授辅导站等，都可以作为继续教育服务的教学地

点。④服务促销。这包含高校与学员、用户单位之间进行宣传与沟通的一切方法，这些方法中较为典型的有招生简章、宣传广告、宣传视频、关系营销等，这些方法的组合运用会达到更好的效果。⑤继续教育服务的师资力量和招生对象。在营销的过程中，一些重要信息必须要传递给用户，以方便用户对服务内容进行筛选，包括继续教育服务的师资规模、师资配置情况以及继续教育服务的招生对象所要满足的条件等。⑥营销的有形展示。高校继续教育服务的有形展示主要包含学员创造、发明等能力的有形表现、继续教育教学中使用的设备、高校的校园环境、学员和教师的精神面貌等。⑦继续教育的具体培训过程。这一过程包含的主要内容有特殊学习器材的准备、具体培训环节的阐述以及每个环节的培训地点等。

第五节 高校继续教育模式的创新发展

一、模式创新：校企全面合作，创建继续教育新模式

就目前来说，高校开展继续教育的比较理想的模式就是充分发挥继续教育协会的协调功能，创建校企合作的继续教育模式。

（一）充分发挥继续教育协会的服务功能

对于高校开展继续教育来说，最重要的是要充分发挥《中国继续工程教育协会章程》中第六条规定的功能，即"组织学术交流，推广先进经验，促进会员之间的联系与合作"以及"促进继续教育资源共享"，为高校开展继续教育提供资源配置和与其他成员单位合作的便利，即中介服务功能。另外，继续教育协会还应该加强"组织调查研究，跟踪发展动向"的职能，及时向高校通报继续教育的行业调查情况，如市场容量和市场发展状况、各继续教育培训机构的课程编制情况等可公开的情报资料，也可支持高校自行开展市场调查。

（二）校企全面合作，开创继续教育新局面

1. 高校参与校企合作开展继续教育的优势

高校协同企业开展继续教育有着天然的优势。首先，高校教育人才培养目标是培养生产、建设、服务和管理第一线需要的高技能人才，而继续教育是为

了使"在职专业技术人员的知识和技能得到更新、补充、拓展和提高,改善其知识结构,提高专业技术水平和创新能力",可见,高校教育与继续教育对技术能力的诉求目标是一致的。其次,如果说高等职业技术学院的"'高等'是类型,'职业'是属性,'高技能'是特色,'内涵建设'是核心"的话,那么,高校的培养目标"高技能"和继续教育的培养要求"提高专业技术水平"也是相一致的。但需注意,继续教育的技能要求有可能比高校教育的技能要求要高。再次,高校的人才培养模式是"校企合作、工学结合",也突出了继续教育的实践和实用的特点;高校有充足的"双师"队伍,有较完善的实习实训设备、设施,有丰富的教育经验,有最佳的人才培养条件。最后,高校最贴近生产型企业,能够较好地把握企业用户的实际需求。高校自身的这些优点,决定了高校在开展继续教育中具有得天独厚的条件和不可推卸的责任,理应成为继续教育的主力军。

2. 高校参与校企合作开展继续教育的形式

高校开展的继续教育就是要依托学校的自有教育资源,整合社会教育资源(包括企业等用户单位的教育资源),以灵活开放的运行机制,根据用户的需求开展各类继续教育培训,具体有以下几种类型。

①用户单位全权委托高校开展继续教育。这种继续教育培训类型主要有三种。第一,以用户的培训和课程要求为依据,在企业开展继续教育课程教学,授课教师由高校安排;第二,接受用户委托,在学校开展继续教育课程教学,授课教师由高校安排;第三,以继续教育课程的实际需求为依据,在第三方场地开展继续教育课程教学,授课教师由高校安排。②用户单位与高校合作共同开展继续教育。这种继续教育培训类型主要有三种。第一,以用户的培训要求为依据,在用户安排的场地或用户单位的场地或第三方场地开展继续教育课程教学,授课教师由高校安排或者高校与用户单位共同组建师资队伍;第二,以用户的要求为依据,在学校开展继续教育课程教学,授课教师由高校派出或者高校与用户单位共同组建师资队伍;第三,以继续教育课程的实际需要为依据,在课程实施的不同阶段,选择不同的场地(高校、用户单位、第三方场地)开展继续教育课程的现场教学,授课教师由高校组织或者高校与用户单位共同组建师资队伍;第四,在培训基地开展继续教育课程教学,培训基地由高校和用户单位共同提供,基地可以在企业、可以在学校,还可以在第三方选址;第五,双方开展继续教育教学活动可以采取联合开展科研项目的形式进行。③灵活多样的授课形式,如讲座、论坛等课堂讲授、卫星、互联网等远程网络、函授站

面授、参观考察等。④在学习方式上包含多种形式，如半脱产、脱产、业余培训等。⑤从证书授予情况上，可以有学历型或者非学历型等。⑥从教学时间上，可以有长期培训和短期培训等。

从上面的教学形式对校企合作的重要特点进行归纳总结，主要有：①时空的可选性。高校、企业双方可以依据实际情况共同商定培训时间和地点。②培训内容的针对性。培训内容不仅要明确清晰，还要符合企业的实际需求。③利益的双赢性。企业批量地享受高校的教育资源，投入少、见效快；高校一次投入，批量加工（课题组注：教学），社会效益、经济效益双获益。④资源的共享性。学校和企业的教育资源可以在继续教育过程中高度共享。

不管哪一种形式，都必须适应用户的要求，尽量避免与用户的生产时间发生冲突，保证用户的生产时间就是为用户提高经济效益，因此，从这个原则出发，送教上门、上门培训会是比较好的形式。

3. 高校参与校企合作开展继续教育的实施环节

继续教育必须以市场需求为导向，也就是要充分体现用户的要求，因此必须要求企业参与，共同打造继续教育校企合作的每一个环节。

（1）订立合作协议，明确责、权、利

校企合作开展继续教育是在市场机制下运作的教育活动，因此必须首先要在双方友好协商和平等自愿的基础上订立合作协议，在协议中约定双方的责任、权利、义务和利益分配关系，协议受法律约束，双方需要共同遵守，确保合作愉快。

（2）共同确定继续教育的教学模式和培养方案

确定教学模式和培养方案是继续教育的首要环节。如果由高校单方确立培训模式和培养方案，企业可能会处于相对被动的地位，难以很好地解决企业用户学员的工学矛盾。高校认定的最佳教学模式和培养方案也许在用户那里并不适用。

首先是根据继续教育的培训项目，商定教学模式。教学模式涉及师资配备、教学场地、授课形式、学习方式、评估方式等多个方面。一般来说，具体采用什么样的教学模式由三个方面决定。

①继续教育的培训项目的难度、层次和实际要求。例如，一个需要引进数控加工中心的企业要提前培训技术员工，它只能到高校的数控实验室接受培训，最后的评估要通过实际编程和所完成的真实的加工任务来做出评定。

②对于生产性的企业来说，最突出的莫过于工学之间的时间冲突。企业和

职工关注的是生产效率，但是培训单位也需要保证教学的时间才能保证教学的效果和质量，学员也需要花费专门的时间才能真正学到培训的内容，这就是工学矛盾。

③学员的社会义务和社会角色与其角色之间的冲突。参加继续教育培训的职工不仅要面临学习的任务，同时还要处理与事业、家庭、爱情、朋友等的关系，这也会产生时间上的冲突。以上这些矛盾决定了高校不可能长期采用学校学历教育式的完全脱产的教学模式来开展继续教育业务。

为此，高校必须深入企业，了解培训项目的真实要求、熟悉企业的生产周期、掌握学员作息规律等情况，协同企业"共同确定针对不同特点学员的灵活、多样的教学模式"，如学员集中到学校培训和自学相结合、远程网络或者电视授课等，为企业提供学历教育课程、岗位培训课程、高层次技能人才培养课程等，为职工打造立体化、多层次的教育平台。

其次，确定合适的培养方案。企业与学校的共同参与，双方可以把各自的工作计划表摆到桌面上，用户可以把自己的真实需求表达出来。企业专家和学校专家教授充分参与进来，结合生产实践，对培养方案草案提出建设性的修正意见，确保正式的培养方案针对性强，并且能够做到科学性、时效性和实用性的统一。这样，双方共同制定的培养方案更加切实可行，能够真正满足用户的需求，也能够保证教学模式多形式和多层次，更好地满足企业不同层次人才培养的需求。

（3）共同制订和实施教学计划

教学计划是培养方案的实施细则。高校在学历教育中的教学计划强调的是专业和学科的系统性，一般比较适合培养周期比较长的正规教育。企业用户的继续教育一般是要解决生产实际中急需解决的问题，要求时间短、见效快，因此，继续教育的教学计划必须体现时效性和实效性，而了解企业用户需求的莫过于企业自己，因此必须邀请企业参与制订教学计划。首先，企业要根据实际情况，提出对人才培训的需求，如员工的工作类型和所需技能层次，据此提出初步的培训要求。学校要根据这个要求制订教学计划初稿，最后学校专家和企业专家共同修订并确定正式的教学计划。对于不同的培训项目可能要制订不同的教学计划。校企双方共同参与，能够各自发挥学科教学和生产实践的优势，其所制订的教学计划能够较好地兼顾学科发展规律和生产实践的要求，符合企业发展迫切需要的应用型人才、拔尖型人才、急需型人才、后备型人才的目标。在教学实施过程中，双方可以共同派员组建临时的培训项目管理小组，负责监督教学计划的实施，校企双方便于随时掌握培训效果，如果发现教学计划实施中的问题，可以及时商定改进办法。及时地评估和反馈能够保证教学的质量，从而使学校、企业、培训学员三方满意。

（4）共同建立完善的继续教育管理体制

高校的继续教育必须注重经济效益，但这个经济效益是以卓越的质量为前提的。正像我国的 GDP 和绿色 GDP 一样，这里的经济效益还可以称为优质经济效益，与不顾用户的投资回报、唯利是图的经济效益有本质的不同，高校继续教育的经济效益，既要在创收节支和求质保量的基础上创造自己的经济效益，还要适应用户追求生产效率的要求，为用户创造价值。优质经济效益必须要有卓越和规范的管理做保证，而经济效益是校企双方的事情，因此双方合作实现继续教育的管理，是为双方各自的经济效益贡献力量。

首先，双方要协作起来，建立完善的继续教育管理机构。高校要长期开展继续教育，就要建立继续教育的常设管理机构，如继续教育部门的领导、各培训项目小组、继续教育质量评估小组、教务管理部门、对外联络部门、后勤保障部门等，当然，这些部门有可能会和高校学历教育业务的管理部门有交叠情况，但是必须做到有专人负责继续教育的业务。另外，校企合作模式下开展继续教育，无论哪一种教学方式，校企双方均有人员参与教育活动，因此还可以邀请企业单位专门派员或者在参加继续教育的人员中指派一定数量的人员担任临时的管理人员，建立临时管理机构。管理机构负责继续教育的指导、规划、监督、协调学校工作，并可对继续教育的专业设置、教学质量、师资队伍、教学设施和实验室建设进行研究，提出整改意见，为校企共同开展继续教育提供坚实的保障。

其次，双方要联手制定注重实效的管理制度。完善的管理机构还需要有完善的管理制度相配套。继续教育的管理制度包括培训方案、教学计划、教学事故处理规定、继续教育培训教师资格制度、兼职教师管理制度、学员考勤制度、教学和课程评估办法等管理制度体系。管理制度必须要注重管理对象的实际情况，保证在实施过程中运转灵活、精简高效、保障有力、管理到位。总之，校企合作共同开展继续教育的培训方式，增强了学校和企业的互动机制，双方实现了资源共享、优势互补、互利共赢、共同进步。对于高校来说，通过这种方式提高了"双师型"队伍的素质，也为高校学生联系实习单位和实习基地创造了条件；对于企业来说，通过这种继续教育的方式，既节约了自己组织培训的时间和成本，也提高了继续教育培训的质量，从而创造了巨大的潜在经济效益。

二、继续教育培养人才案例

随着社会经济发展，并根据重庆禾丰化工公司经营发展的实际，禾丰化工公司急需通过教育培训提高企业员工化工应用操作技能，为此，重庆禾丰化工公司与重庆电子职业技术学院通力合作，根据企业的实际，本着创新培训理念，改革培训方式，突出理实并重，以提升应用技能为主的原则，打破原有教育培训"三段式"（公共课、专业基础课、专业课）模式，共同制订和试行适应培训对象需要的教学计划。

（一）培训目标

本着提升企业在职员工应用技能为主线，在员工不脱离生产岗位的同时，通过重庆电子职业技术学院提供教育支持，员工在化工应用技术和实际操作技能上综合素质有明显提高，懂得化工应用技术的基本理论、化工工艺操作应用的基本程序、过程，能从理论与实践的结合上说明本岗位工艺流程、操作方式和要求，并能独立处理本职岗位的化工应用技术问题，成为本工段或本车间的技术骨干。

（二）培训方式

主要培训方式为业余、周末培训。由重庆电子职业技术学院选派、聘请化工应用技术专业的专家、教授、教师到公司，为提升员工化工应用技能提供教育支持，公司利用周末时间，集中参培员工组织授课培训，公司企管处组织参培员工结合所学专业理论，利用本职岗位进行实训；对"四班三运转"的倒班岗位职工，不能参加当日面授课程学习的，由企管处安排专人对教师所面授课程进行全程摄像，对这部分倒班参培学员进行补课。

（三）教育支持与奖励

公司本着建立学习型企业的总体方针，丰富禾丰化工企业文化的目标，对参加培训学习的员工，按照支持、鼓励学习的原则，每学年根据学员学业成绩提供教育经费支持，以学员学年课程考试平均成绩为经费支持标准，按照学年学费总额的 50%～85% 予以奖励。

（四）培训考试考核

根据学院与公司共同制定的培训目标，由学院依据培训教学计划，由学院组织任课教师负责对本门课程学习效果进行考核,学员完成"化工应用技术"(化学工程)专科教学计划规定的全部课程,经考试(考核)成绩合格,并达到培训目标要求的学员,由公司负责审核学员的学习效果,由学院负责审查学业资格,对通过学习达到培训目标、完成全部教学计划课程,经考试(考核)各科成绩合格的学员,由学院颁发重庆市地方成人专科毕业证书。

(五)培训管理与组织

化学应用技术(化学工程)专业培训班,教学组织、教师选派,由重庆电子职业技术学院继续教育学院负责;教学场所、实训场地、学员学习组织、日常管理由重庆禾丰化工公司企管处负责。教学班建立班委会,负责学员学习管理和学习考勤。

第八章 "互联网+"视阈下继续教育体系的创新发展

在构建继续教育体系的过程中,"互联网+"成了重要的切入点,为继续教育发展注入了新的活力。近年来,党和国家采取了一系列重要举措,用于推动产业发展水平加速提升,构筑起经济社会发展的新优势和新动能。在继续教育体系的构建过程中,网络教育与现代远程教育发挥着不可替代的作用。本章分为"互联网+"概念的由来与内涵、"互联网+"为继续教育发展带来的机遇与挑战、MOOC为继续教育发展带来的新变革、"互联网+"背景下继续教育体系的构建四部分。其主要内容包括"互联网+"概念的提出、"互联网+"为继续教育带来的发展机遇、"互联网+"为继续教育带来的转型挑战、MOOC(慕课)的兴起与发展等方面。

第一节 "互联网+"概念的由来与内涵

一、"互联网+"概念的提出

早在2012年,国内易观国际的董事长于扬就提出了"互联网+"的理念,他是"互联网+"的最初提出者,而腾讯的马化腾则是"互联网+"的积极倡导者和强力推动者。在十二届全国人大第三次会议上,马化腾提出了与经济社会创新相关的意见和看法,重点强调了"互联网+"教育理念在经济和社会发展中的重要价值和作用。他认为,"互联网+"就是通过合理地使用互联网平台和信息通信技术,推动互联网和各个行业的有效结合,从而在新领域创造一种新生态。

2014年11月，李克强出席首届世界互联网大会时指出，作为人类最伟大的发明，互联网使得人类世界的空间轴、时间轴和思想维度都发生了一定程度的变化。接入互联网的20多年来，中国逐渐步入了世界互联网大国的行列，促成了网络和信息市场的培育，创造了许多的新技术和新产品。互联网是大众创业、万众创新的新工具，也是政府施政的新平台。互联网突破既是科技革命，又是保障公平的社会变革。同时，在此次政府工作报告中，一个重要的主题就是"大众创业、万众创新"，这被称作中国经济提质增效升级的"新引擎"，由此也可见互联网作为新工具，对推动经济社会发展的重要作用。

《国务院关于积极推进"互联网+"行动的指导意见》（以下简称《指导意见》）于2015年7月正式出台，提出了行动的总体要求、发展目标和基本原则，并明确了11项重点行动。《指导意见》将教育与医疗、健康、养老、旅游、社会保障等新兴服务并列，提出了"互联网+益民服务"的行动思路。

二、"互联网+"的技术发展背景

（一）移动互联网

移动互联网是"互联网+"的前提与基础。一方面，正是由于移动互联网的迅猛发展以及智能手机的快速普及，互联网用户的数量才得以快速增长，奠定了"互联网+"的用户基础；另一方面，相较于传统互联网，移动互联网在技术上有了更多的创新，结合智能手机所内置的传感器、蓝牙、GPS等功能，奠定了"互联网+"的技术基础。此外，移动互联网下的使用场景和商业模式越来越多，这为"互联网+"奠定了相应的市场基础。

（二）大数据

"互联网+"的发展，离不开大数据的支持与推动。大数据是"互联网+"的核心驱动力之一，大数据的应用与推广能够推动传统行业的创新，为"互联网+"的推广与普及奠定数据基础。大数据是数据的集合，其主要特征是容量大、类型多、存取速度快、应用价值高，同时它也是新一代的信息技术和服务业态。在这种业态中，对大规模、多来源、异构数据的收集、存储和分析，可以推动新知识的发现和新价值的创造，提升新的能力。

（三）物联网

物联网是物物相连的互联网，是现代通信技术融合发展的产物，是信息革命深化的一个重要方向，是"互联网+"的重要基础和实践领域。互联网是物联网的核心，物联网以互联网为基础，是对互联网应用的拓展，将互联网的触角延伸到物品与物品之间并建立信息交流的通道。物联网并不是一种全新的信息技术，而是融合计算机、互联网、现代通信、智能硬件、传感器、人工智能等新一代信息技术的高度集成和综合应用。

（四）云计算

马化腾曾在题为"云上生态的新探索"的演讲中指出，"互联网+"基础设施的第一要素就是云，云不仅是数据中心，还包含着"互联网+"、信息能源的发展趋势。马化腾提到的"云"，指的就是云计算。云计算是一种通过互联网以自助、可扩展、按照使用量付费的方式获取所需IT资源和服务的模式。云计算的特点主要有五个：成本低、效率高、便捷、安全、虚拟化。

三、"互联网+"概念的内涵

《指导意见》对"互联网+"这一概念做出了如下解析："'互联网+'是把互联网的创新成果与经济社会各领域深度融合，推动技术进步、效率提升和组织变革，推进实体经济的创新力和生产力不断提升，从而形成广泛的经济社会发展新形态，而其基础设施和创新要素是互联网。"强调了"互联网+"与经济社会发展的紧密联系。

究其源头，"互联网+"是互联网思维的进一步实践成果，它代表一种先进的生产力，推动经济形态和社会经济实体不断发展，此外，它还提供广阔的网络平台以推动社会经济各领域的改革和创新。

通俗来讲，"互联网+各个传统行业"就是所谓的"互联网+"，但是这并不代表"互联网+"就是二者的简单相加，从本质上看，它是让互联网与传统行业在合理利用信息通信技术和互联网平台的基础上结合起来，进而形成新的经济发展生态。

尽管各方对"互联网+"定义的表述不同，但对其内涵的理解却是大同小异。他们既都强调互联网在经济社会发展中的基础性地位，也都重视互联网与传统行业的融合创新。只不过各方的侧重点不同，马化腾重视互联网的连接属性，雷军则突出了互联网思维，阿里研究院重视互联网对经济社会的动态渗透，官方更关注互联网对实体经济的影响与促进。

"互联网+"代表一种新的社会形态，即促使在社会资源配置中的互联网的优化和集成作用得到充分发挥，实现互联网的创新成果和经济、社会各领域的深度融合，推动全社会创新力和生产力的提升，进而形成更广泛的经济发展新形态，而其基础设施和实现工具则是互联网。

近年来，"互联网+"已经对多个行业产生了影响，其中包括大众所熟知的在线旅游、电子商务、在线影视等。

在对"互联网+"进行解读时，一定要把握以下基本规则。

①要摆脱"互联网+"工具论的观念。"互联网+"不仅仅是一种工具，我们不能简单地从功利主义出发去考量个人取舍，要把它当作一种创新要素、一种社会经济新形态去对待，要主动拥抱互联网，主动"互联网+"。它就是我们的生存环境，就是我们的生活方式，与我们每个人都戚戚相关，是我们生命中不可分割的一部分。

②要把握住"互联网+"的品质。尽管"互联网+"没有固定的应用模式和普遍适用的路径，但我们仍然可以把握住"互联网+"独特的品质，那就是"跨界""连接""融合"和"创新"。传统的产业、传统的政务、传统的公共服务均囿于自己的一亩三分地，"互联网+"就是要突破传统，与互联网进行连接并深度融合，从而实现创新，增强新的经济发展动力，有效提升服务能力和水平，促进国民经济、公共治理、公共服务、生态环境等的提质增效。

③要把握住"互联网+"动态性、协同性、系统性的特征。跨界、连接、融合就意味着有各种可能性和不确定性。这种不确定性意味着机遇，也意味着要面临各种风险。因此，要时刻牢记"互联网+"是动态的，而不是一成不变的；"互联网+"是一种创新要素、生态要素，生态要素具有很强的协同性和系统性，切忌孤立地看待"互联网+"。"互联网+"已经不是一个字面上的概念，它代表着一种未来全新的生活方式和生产方式，将深刻地影响社会经济发展的模式和社会结构。各种行业和产业，都将面临革命性的再造。

四、"互联网+"概念的特征

（一）跨界融合

这里所说的"+"就是跨界、变革、开放，也是重塑融合。只有勇于跨界，才能获得更加坚实的创新基础；只有实现融合协同，才能得到更加垂直的从研发到产业化的路径，推动群体智能的发展。从本质上讲，融合也指代了客户消费向投资的转化，身份的融合，等等。互联网向传统行业的成功跨界成就了众多经典的产品和知名的公司。例如，互联网向零售行业的跨界成就了淘宝、天猫、京东等一众网络电商和以顺丰、三通一达为代表的整个快递行业；互联网向通信行业的跨界成就了腾讯的 QQ 和微信；互联网向教育行业的跨界成就了以中国大学 MOOC、学堂在线为代表的 MOOC 平台和以得到、分答、值乎为代表的知识付费平台；互联网向餐饮行业的跨界成就了以美团、饿了么为代表的团购、外卖平台；如此等等。

（二）创新驱动

过去，我国往往采用粗放的资源驱动型增长方式，而这与当前的社会经济发展状况不相适应，因此，转变经济发展方式是必然的，正确的做法就是推行创新驱动发展。这就体现了互联网的特质，合理利用互联网思维，推动经济发展和改革，充分发挥出创新的力量。

（三）重塑结构

如今，信息革命、全球化和互联网业不断发展，使得原有的社会结构、经济结构、地缘结构和文化结构被打破，进而导致了权力、议事规则和话语权的变化。互联网+社会治理、虚拟社会治理，会带来极大的影响。

（四）尊重人性

人性的光辉是一切事物发展和进步的根本动力，可以推动科技和社会进步、经济增长和文化繁荣，可以说，最大限度地尊重人性、敬畏人的体验、重视人的创造性是互联网强大力量的根本来源。UGC、卷入式营销、分享经济是比较典型的尊重人性的例子。

（五）开放生态

生态作为"互联网+"的重要特征之一，其本身就具有开放性。在推动互联网发展的过程中，要坚持化解以前制约创新的环节，连接孤岛式创新，推动由人性决定的市场驱动的研发，促使创业者的价值得以实现。

（六）连接一切

连接具有层次性，而可连接性往往是有所差别的，其价值相差很大，但是"互联网+"的目标就是连接一切。互联网以及智能设备的发展不仅降低了连接的成本，而且创造了更多的连接场景，连接的泛化催生出更多的产品、服务和商业模式。基于"互联网+"的连接可以分为以下五种类型：人与信息资源之间的连接，人与人的之间连接，人与地理位置的连接，人与设备的连接，设备与设备的连接。

第二节 "互联网+"为继续教育发展带来的机遇与挑战

一、"互联网+"为继续教育带来的发展机遇

"互联网+"为继续教育带来的很可能是新教育生态的重建。在传统的继续教育模式中，一位教师、一间教室和一所继续教育实体机构就是其全部内容。而现在，一张网、一个移动终端，大量的学生、学校、教师任你挑选，将成为未来继续教育的发展模式，即"互联网+继续教育"。"互联网+"使得继续教育逐步摆脱封闭、走向开放，权威对知识的垄断也随之被打破，在这样的情况下，每个人都能够创造、共享、获取和使用知识。在开放的大背景下，逐渐形成了全球性的知识库，这使优质的继续教育资源得到了丰富和充实，相关资源与互联网紧密相连，大大提高了知识获取的效率，降低了获取成本，人们可以更加便捷地获取相应的学习资源，这有利于终身学习的学习型社会的建设和发展。

"互联网+"的发展使得师生之间的界限愈加模糊。在传统的教学模式下，知识的权威来源是教师和教材，而知识的接受者是学生，课堂控制权掌握在拥有知识量优势的教师手里。可在"互联网+"时代，学习者获取知识已变得非常快捷，面向多层次人群的开放课程，这就使得学习者可以在家学习和上课。在"互联网+继续教育"的模式中，一切教学活动的开展都离不开互联网。

在"互联网+"的冲击下，继续教育组织和非继续教育组织、育人单位和用人单位不再泾渭分明，而是慢慢结合，共同推动继续教育的进步和发展。"互联网+"继续教育不仅会影响创业者，而且可以提供一些就业机会，推动就业问题的解决。

"互联网+"对继续教育产生了十分重要的影响，这在教育资源的重新配置和整合上有所体现。互联网可以使优质教育资源的作用和价值得到充分发挥，推动跨越区域、行业、时间的合作研究的开展，提升研究水平。

"互联网+"提高继续教育的自我进化能力。传统的继续教育与社会发展不相适应，难以培养出满足社会发展需求的高素质人才。而"互联网+"可以使继续教育系统克服自身的封闭性，形成新型的继续教育生态，推动继续教育发展。

此外，随着"互联网+"的发展，出现了"互联网+信息素养教育"的创新路径，这也为继续教育提供了很好的发展机遇。具体内容如下。

第一，确立新目标，即三位一体的教育目标。信息素养教育目标的重塑主要是适应"互联网+"时代对人才的要求。在"互联网+"时代，社会对人才的能力和素养需求发生了变化，以检索技能为主要培养目标的传统信息素养教育目标已经不能适应"互联网+"时代的要求，信息素养教育的目标需要重新定义。

为适应"互联网+"时代对人才综合能力和素养的需要，三位一体培养目标是信息素养教育培养目标调整的重要方向。在这个目标框架下，信息素养教育总目标是提升学生的信息素养，包括三个具体目标：一是强化基于信息解决问题的意识，使问题的解决更有效率；二是强化解决问题过程中的探究精神，在主动的探索中解决问题；三是强化解决问题过程中的知识重构，培养终身学习能力。总体目标与具体目标三位一体相辅相成、和谐统一。具体而言，就是在遇到问题的时候，首先想到而且能够做到基于信息通过自己的主动探究来解决所遇到的问题，提升解决问题的效率和质量，并且能够把基于信息解决问题的意识、探究的过程和结果融入自身的知识体系和能力体系，实现知识与能力的重构，在解决问题的过程中进行终身学习。

第二，增加新内容，即以终身学习为导向调整教育内容。概括来讲，主要涉及以下几个方面。

①不仅要检索，而且要获取与下载。这个部分对应的是信息素养中的信息获取能力，在传统的信息素养教育中较少涉及。这部分内容涉及两个方面：一是下载方法，主要包括文本、图片、视频等信息资源的非常规合法下载方法以及相关下载工具的高级用法；二是获取信息技巧，如图书馆资源的合法远程使用、向作者索要原文的套路、网络求助获取文献、文献传递等内容。

②增加信息评价内容。这个部分主要涉及三个方面：一是对信息真伪的判断与鉴别，如谣言、诈骗、刷单等信息的真实性判断；二是对信息资源质量优劣的评价，如对图书、论文等资源的评价；三是基于信息评价其他，如对公司、大学、医院、食品、药品、人、学术的评价。

③增加个人知识管理内容。这一部分主要体现信息素养中的信息管理能

力，主要介绍比较实用的个人信息管理工具与在线服务。

第三，采用新技术，即利用"互联网+"的创新成果。"互联网+教育"是近年来教育改革与创新的重要方向和趋势，"互联网+"的诸多创新成果被引入教育领域，对传统的教育方式和教育模式产生了很大的影响，同时也为信息素养教育的创新提供了参考与借鉴。"互联网+"的创新成果与信息素养教育的结合有很多形式和途径，主要体现在以下两个方面。

①利用互联网平台建设信息素养教育资源。教育资源的建设是信息素养教育的重要基础，无论是自己开发，还是对资源的整合，利用互联网上成熟的平台系统进行信息素养教育资源的建设不仅可以保证建设的质量，而且可以大幅度地降低资源建设的成本，提升建设的效率。在信息资源建设方面，可能的场景包括利用中国大学MOOC、学堂在线等MOOC平台建设自己的信息素养教育MOOC；利用爱奇艺、优酷、网易云课堂、百度传课、腾讯课堂等视频平台建立信息素养教育微视频库；利用百度脑图等在线思维导图工具组织信息素养教育的核心知识点；利用一起写、石墨等网络协作软件撰写信息素养教育相关文本内容。在信息素养教育资源整合方面，同样可以利用现有的平台，如通过微信公众号、微博等社交工具把互联网上的信息素养教育相关资源进行整合和推广，而且可以在整合的过程中进行二次创作，加入自己的理解和内容；通过大成编客等学术聚合工具整合信息素养教育学术文献；通过weavi等非线性文本工具整合零散的网络资源。

②利用互联网工具提升信息素养教育效果。在信息素养教育的过程中，特别是信息素养教育课堂内外，互联网工具往往能发挥重要的功能。QQ群、微信群之类的社交工具可以建立教师和学生、学生与学生之间的在线联系，很多问题可以通过这些平台进行交流和分享，在交流和分享中实现信息素养的提升。云盘等网络存储工具方便信息素养教育资源尤其是视频等大文件的存储和分享，结合社交工具可以加快资源的传播。雨课堂等课堂互动工具有利于促进师生之间的实时互动，增加学生的参与兴趣，提升课堂教学的效果。问卷星等网络问卷调查工具不仅可以通过网络问卷辅助教学，而且可以利用其在线考试功能进行信息素养教育的教学评价。

二、"互联网+"为继续教育带来的转型挑战

对于继续教育的生态圈，互联网为其带来了诸多的发展机遇，但在其强烈的冲击下，继续教育也不可避免地面临着种种挑战。具体而言，这些挑战在以

下四个方面有所体现。

（一）育人功能面临弱化危机

继续教育具有育人功能，这一功能在开放教育生态中面临着被弱化的危险。在传统的教育模式中，教师一般采用面授的教学方式，在传授知识的过程中，教育工作者会将育人工作融入其中，给予学习者多层面的熏陶感染。但是，当前正处于互联网时代，在此背景下的继续教育更多的是完成知识和信息层面的交互，因此，该教育的育人功能面临弱化危机。

（二）影响学习者智力发展

在网络上，学习者可以轻而易举地搜寻到自己想要的学习资源，这使得他们慢慢养成了凡事一"搜"了事的不良习惯，严重影响其智力发展和对知识的加工。长时间使用各类互联网设备辅助学习，对学习者身体健康的影响也不言而喻。在互联网时代，学习者可以更加方便快捷地进行学习，但是他们与学习伙伴却是日渐疏远，运用多种感官去接触世界的机会也会越来越少。

（三）学习者学习专注度和深度下降

知识的碎片化让学习者专注度下降，学习深度下降。互联网的发展以及普遍存在的知识分享和信息传播使得人们学习的门槛大大降低，同时也使得人们的学习更加便利，学习者可以随时随地学习自己感兴趣的知识，增加了学习的广度。但是，由于学习的时间和内容严重碎片化，学习者往往养成获取信息时不加思考的坏习惯，难以建立起不同知识之间的关联，同时也很难做到将零散的知识点整合加工成有意义的知识网络。这使得学习者的学习深度难以保证。

（四）学习者学习能力面临挑战

在纷繁复杂的知识和信息前，学习者的学习能力将会面临巨大的挑战。在传统的继续教育的模式下，学习者只需要学习相对固定且复杂度低的知识，并且学习资源也是相对匮乏的，在这样的情况下，学习者在进行深入思考和反复练习时往往需要以那些固定要学的知识为核心。然而，在互联网时代，继续教育与各个行业的知识和信息不断融合和发展，知识的广度和复杂度也在不断增加，可用资源在日渐丰富的同时也变得更加鱼龙混杂。这对于那些缺乏学习能力和信息处理能力的学习者而言，无疑是一个巨大的挑战。

第三节　MOOC 为继续教育发展带来的新变革

一、MOOC（慕课）的兴起与发展

2008 年，加拿大爱德华王子岛大学的戴夫·科米尔（Dave Cormier）和国家人文教育技术应用研究院的布莱恩·亚历山大（Bryan Alexander）联合提出了 MOOC 这一术语，这是 MOOC 作为一个术语首次被提出，他们用 MOOC 这个短语来描述加拿大学者乔治·西门子（George Siemens）和史蒂芬·唐斯（Stephen Downes）的"联通主义和联通主义知识"课程。这门课程被公认为全球首门 MOOC 课程。

在这之后，美国成为 MOOC 发展的领头羊和推动者。由美国学者创办的 Udacity、Courser 和 edX 三个平台，目前是美国也是全球最具影响力、最主流的三个大规模在线开放课程平台。2011 年，美国斯坦福大学率先开设了三门 MOOC 课程，每门课程都吸引了 10 万以上的学员参加。2012 年，由斯坦福大学教授斯蒂安·斯伦创办的 Udacity 平台诞生，成为第一个营利性的 MOOC 平台。斯坦福大学计算机教授吴恩达和达芙妮·科勒联合创办了 Courser 平台，它于 2012 年 3 月正式上线，也同样是营利性的 MOOC 平台。2011 年，美国麻省理工学院发起"MITx"，致力于为全世界的学习者开发免费的开放平台。2012 年秋，伴随哈佛大学的加盟，二者联手创办的非营利性 MOOC 平台——edX 正式上线。

近几年，亚洲国家也积极加入美国的 MOOC 平台。印度理工学院孟买分校于 2013 年加入 edX 平台，希望借此机会开发下一代在线课程和混合学习课程，拓展学习资源范围。新加坡国立大学加入 Courser 平台，从 2014 年开始提供三门在线课程。南阳理工大学加入平台，并提供两门课程。越来越多的亚洲国家在 MOOC 领域积极行动起来。目前国内的 MOOC 平台中，最常用的有五个，分别是"学堂在线""中国大学 MOOC""好大学在线""智慧树""超星慕课"。

二、MOOC（慕课）的概述

（一）MOOC（慕课）的概念

MOOC 是 Massively Open Online Courses 的首字母缩写，"M"代表大规模，与只有几十个或几百个学生的传统课程相比，MOOC 课程是截然不同的，因为参与该课程的学生最少的时候有几万人，而最多的时候有十几万人；第二个字母"O"代表开放，任何国家的学生都能够以兴趣为导向参与该类课程的学习，而要想进行注册参与，只需要一个邮箱即可；第三个字母"O"代表在线，在网上就可以完成学习，摆脱了时间和空间的限制；第四个字母"C"代表课程，因此，MOOC 的中文含义就是大规模网络开放在线课程，音译为"慕课"。伴随网络发展的不断提速，MOOC 作为网络教育发展的一个新形式，其定义一直在不断更新。

（二）MOOC（慕课）的特点

1. 大规模

大规模是 MOOC 的第一个主要表征，意味着该课程不同于传统的课堂教学，在学习人数上没有限制，可以多达几万甚至几十万人。以前，从来没有出现没有人数限制的课堂，可以说 MOOC 的本质特征就是大规模。

2. 开放性

开放性是 MOOC 的主要特征之一，强调资源在一定范围内的共享性。从第一节 MOOC 开始至今，世界各地的学习者都可以通过特定的网络平台获取免费的课程资源。资源共享是现代社会和现代教育的根本特征，随着终身教育思想的出现，计算机和互联网的结合所产生的网络教育成为实现人们终身学习的主渠道。开放性成为 MOOC 发展壮大的一个重要驱动力，意味着所有学习者只要拥有互联网上网条件，就能够享受到优质教育资源，打破了传统学习者需要拥有学籍才能够进行学习的局限，学习者能够在开放的环境中进行自主学习。

3. 低成本

传统教学中，学习者需要花费更多的时间与金钱等成本，才能够得到优质的教育机会。而 MOOC 的产生和发展，使得学习者只要拥有互联网和电子设备,即可在任意时间、任意地点进行在线学习,享受免费教学资源,这大大降低了学习者获取资源的各项成本。

4. 个性化

基于MOOC,学习者在选择学习内容时可以以自身的喜好和需求为依据。由于每个学习者的心理活动、已有知识及学习能力均有较大的个体差异,导致学习的进程、学习效果的反馈等都有所不同。MOOC能够满足学习者多元化、多层次、不同进度的需求,是满足不同主体对学习需求的最高效、最便捷的教育方式。

5. 交互性

交互性是使MOOC从传统的网络教育、远程教育中脱颖而出的重要特征。MOOC课堂模式使师生关系因为可以自由选择而变得更加开放,教师由主导者变为课堂的协调员。学习者可以通过更多样的交互手段与方法参与到课程学习与建设中来,转变了传统单一的接受者角色。学生之间的互动交流,可以使课程从原有的内容扩展到更大范围的知识体系中去。交互性还原了传统的课堂交流模式,并带来了更方便、更灵活的交互体验,实现了学习的即时反馈,推动学生参与的积极性和思维能力不断提升,促使学生的学习效果得到有效的提高。

6. 短小趣味

MOOC讲授内容的主要呈现形式是短视频,并且融入了游戏化内嵌式检测,这种模式不仅使学习者的视听接收需求得到了满足,而且也遵循了认知和心理发展的规律,可以推动学习效果不断提高。

对上述内容进行分析,可以发现MOOC的特征体现的意义和价值。①"多",即慕课平台注册人数之多,且在慕课平台注册的学习者不受专业、学校、国界、年龄的限制,可以跨专业、跨学校、跨国界、跨年龄。②"省",没有门槛,面向各类学习者。其主要指的是慕课学习空间和学习资源的开放。即只要学习者在MOOC平台注册成功,就可以摆脱时空的限制,在进行MOOC课程学习时可以自由地选择时间和地点。③"快",即通过利用MOOC平台提供的相关学习资源进行自主在线学习是学习者获得信息的主要途径,而短小精悍的教学短视频是最主要的学习资源。④"好",即MOOC平台上的在线学习资源都是有着完整的知识点与知识体系的课程。

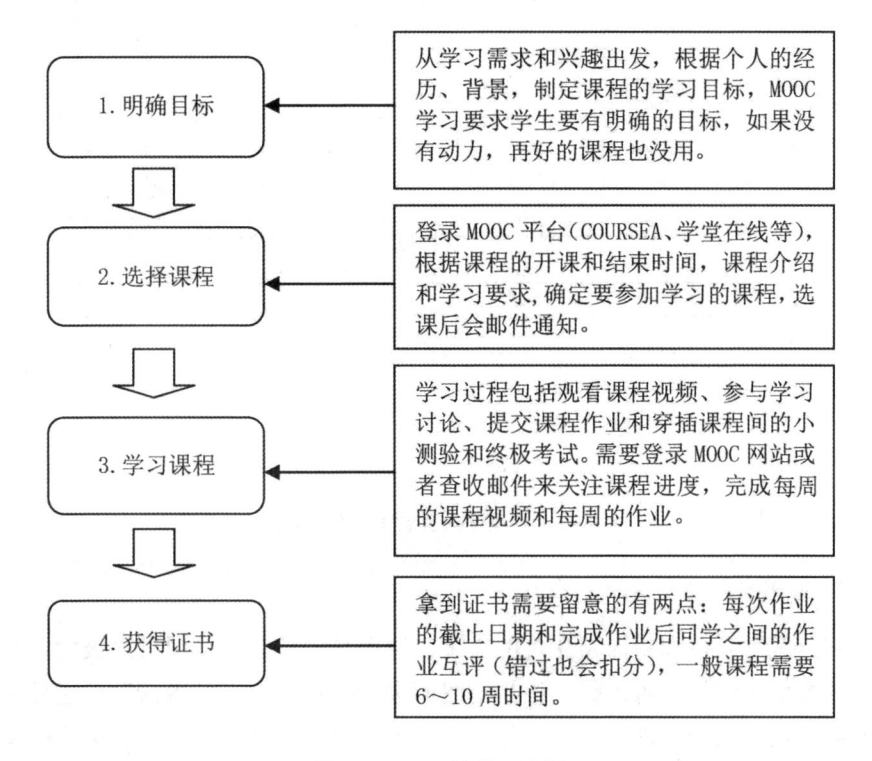

（三）MOOC 的学习流程

MOOC 的学习流程如图 8-1 所示。

1. 明确目标：从学习需求和兴趣出发，根据个人的经历、背景，制定课程的学习目标，MOOC 学习要求学生要有明确的目标，如果没有动力，再好的课程也没用。

2. 选择课程：登录 MOOC 平台（COURSEA、学堂在线等），根据课程的开课和结束时间，课程介绍和学习要求，确定要参加学习的课程，选课后会邮件通知。

3. 学习课程：学习过程包括观看课程视频、参与学习讨论、提交课程作业和穿插课程间的小测验和终极考试。需要登录 MOOC 网站或者查收邮件来关注课程进度，完成每周的课程视频和每周的作业。

4. 获得证书：拿到证书需要留意的有两点：每次作业的截止日期和完成作业后同学之间的作业互评（错过也会扣分），一般课程需要 6~10 周时间。

图 8-1 MOOC 的学习流程

（四）对 MOOC（慕课）的常见认识误区

1. 费事论

部分教师认为推行慕课教学改变了教师习以为常的教学方式，增加了教师的工作量，内心对慕课相当抵触。这部分教师的心态主要源于两个方面的因素：一是认为对于教师开展慕课教学增加的工作量校方应该予以经济补偿；二是对慕课教学的工作量投入存在误解，从短期来看，教师刚进行慕课教学时需要投入的时间和精力与传统教学相比可能会成倍地增加，但在经过一轮或一个学期的教学后，混合式教学的模式基本建立，教学模式已经可以稳定运行，这时教师的工作量会大幅下降，直到降到比传统教学工作量还低的水平线。所以从长远来看，慕课教学是能够帮助教师大幅提高教学效率的，至于教师要求的经济待遇问题，则需要校方从多个方面考虑并予以解决，总体而言应该既有鼓励措施，又有倒逼措施，只有多管齐下才有可能妥善解决教师的诉求。这一点可以从慕课混合式教学工作量曲线图中直观形象地观察到，如图8-2所示。

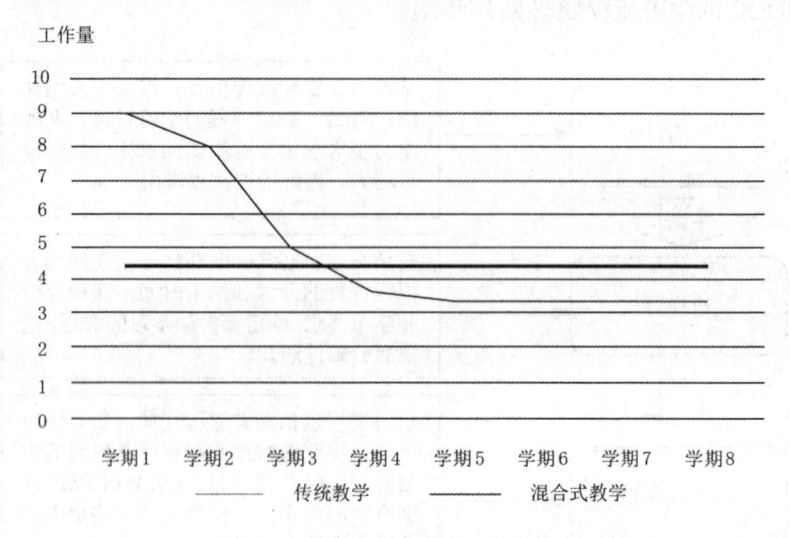

图8-2 慕课混合式教学工作量曲线

2. 省事论

部分教师对慕课持非常乐观的态度，原因是他们认为慕课可以极大地减少教师的教学工作量，可以腾出大量的时间去做一些"自己的事情"。这种想法的实质是认为采用慕课教学后，教师可以不再讲课，甚至可以不再关注教学工作，这其实是非常值得商榷的，或者说是非常危险的。因为教师的天职就是教学，如果不能长期坚持这一主业，最终的结果仍然是被边缘化，所以省事论看似是对慕课持支持的态度，实质还是一种替代论，如果坚持这种观点的话，最终还是要走向慕课的对立面。

3. 无关论

与以上一些态度鲜明的观点相比，更多的教师其实对慕课并没有太多的认识和看法，这部分教师作为"沉默的大多数"几乎没有意识去了解和思考慕课的意义和影响，更多的是抱有一种"以不变应万变"的心态，在教学中继续延续自己习惯的教学方式。作为慕课教学改革而言，能够让更多教师理解并融入新的教学模式才是教改工作的重点，因此各个学校应该加强对广大教师的宣传普及，并结合本校实际尽快出台一些鼓励支持政策，吸引这部分对慕课缺乏了解的教师去认识慕课、理解慕课、运用慕课，从而让教学改革全面铺开并健康发展。

三、MOOC（慕课）引发的教育变革

（一）MOOC 将大力推动学习型社会的发展

MOOC 将极大地推动学习型社会的发展，使终身学习发展为随时随地的优质学习，在学习内容、时空、方式、渠道等方面全面促进教育公平。edX 总裁阿加瓦尔称，MOOC 的出现与推广将成为"人类教育史上的首次革命"。

1. MOOC 将使优质教育资源趋向扁平化

目前，几大 MOOC 平台均直接或间接地由美国顶尖研究性大学创建，其合作伙伴多为各国优秀高等学府。这打破了多年以来，不同国家、地区，不同学校之间存在的教育资源壁垒与鸿沟。通过 MOOC，优质教育资源不再是少数精英才能够享受的专利，而逐渐成为人人都可以享受的公共资源，这无疑将大大地促进教育公平。在提供优质资源的同时，MOOC 还将选择权交给学生，学生可自主学习，不再局限于某一学校的有限课程。学生可以定义自己的学习需求，从众多的 MOOC 资源中选择适合自身需求的课程、教师、授课方式、评估方式等，并能够通过认证。这是对教育民主的全面推进。

2. MOOC 将打破教育的时空界限

MOOC 的特征决定了它能够在空间与时间两个维度上大幅扩大学习活动的范围。不同国家、不同种族、不同背景、不同职业、不同层次的学生，无论是否为在校学生，都能够选修全球最优质的课程。特别是对于身处偏远地区、教育资源条件落后或是身心残疾、有学习障碍的学生等群体，MOOC 能够使他们依据自身的实际情况选择适合自己的学习方式。对于某些专业性强、课程时间长、难度较大的学科，MOOC 也能够发挥更好的作用。同时，MOOC 使"终身学习"真正成为可能。应用 MOOC 平台，所有年龄段的学生，从中小学生、在职人员到退休老人，都能够根据自己的需求和条件，在网络上进行自主学习。对目前已有的各类职业培训机构、继续教育机构、老年大学、社区学院等而言，MOOC 的存在是一种补充，甚至是替代。通常，MOOC 的课程时间在十分钟左右，且完全可以由学生自己掌控学习进度，充分调动了学生对于碎片化时间的利用，使学习不再需要花费大量时间和金钱成本，而成为随时都可以进行的日常活动。

3. MOOC 将推动自主学习共同体的构建

MOOC 带来的优质学习体验，在课程资源本身及其可以提供的学习体验上有所体现，并且这一学习体验更加符合学生的学习规律，可以带来更为显著的学习效果。

第一，MOOC 可以激发学生的学习主动性、积极性以及学习兴趣，并使其处于教学活动的中心。还可以通过挖掘、分析和研究学习过程中的大数据，了解学生的学习行为、学习习惯、学习状态，及时对学生的学习效果进行评估和改进，推动个性化学习的实现以及学习效率的提高。

第二，MOOC 重视学习共同体的构建以及协作学习和互动学习的实现。来自不同地方、拥有不同背景的学生能够在同一课程讨论平台上就所有问题展开自由讨论，参与知识的分享与共建，相互启迪和提供帮助，让所有学生共处于一个学习社群中，推动学习共同体的构建。

（二）MOOC 将推动高等教育体系的重构

首先，高等教育体系将向顶尖大学聚拢。长远来看，MOOC 的推广可能会促使各国的高等教育体系结构发生变化。拥有教师资源、学校声誉、技术支持等优势的顶尖大学将会成为各国 MOOC 事业的中坚力量。它们在保持自己原有的教育地位的同时也会对其他高等院校的教育内容、资源配置以及教学的各个方面产生影响。因而，MOOC 时代，各国高等教育体系有可能呈现出整体向顶尖大学聚拢的趋势。这种趋势的到来，将对高等教育质量的提升带来新的动力，但也可能对非顶尖院校带来冲击。有学者认为，MOOC 的推广意味着顶尖大学精英教育的推广，将全面促进高等教育体系的重构。另一种观点认为，少数院校与教授将会对高等教育进行垄断，这会给其他院校的发展以及学术研究、知识生产等带来影响。

其次，世界高等教育体系间的竞争将更加激烈。与 MOOC 对各国高等教育结构间造成的影响相似，在全世界范围内，MOOC 可能引发优质教育资源向如美国等顶尖的教育强国集中。与传统基于物质的国际化不同，在 MOOC 时代，国际竞争的主导力量将是信息技术，并且这一竞争开展的主要地点是网络平台。因此，各国必须要对教育的发展方向进行及时准确的把握，推动最新支持技术的研发，始终追赶教育方面的新动向，随时保持世界前列的位置。

（三）MOOC 将创造新的教育商业模式

MOOC 低成本的教育方式受到瞩目和追捧，与其兴起时所处的社会背景有关。20 世纪末，教育成本的居高不下给美国等国家带来了巨大的压力。学生和家庭为了应付成本上升的问题所需承担的份额越来越高，这使得许多学生失去了接受高等教育的机会。而高成本在大学内部，也对学术研究、人才培养的质量产生了不利影响。即使是在政府全力扶持的基础教育领域，优质的教育资源也甚是稀缺，引来家长们的争相抢购，导致成本价格急剧上升。

在这种情况下，MOOC 的推行有利于成本问题的解决，享用 MOOC 资源，个人需支付的费用以及社会需承担的成本都是很低的。因此，在财政的巨大压力下，MOOC 凭借其"物美价廉"的特质，吸引了政府的大力推广。美国加州甚至通过立法确保 MOOC 这种新的教学方式的传播和应用。

基于此，人们普遍相信，MOOC 这种教学方式将为教育领域提供新的商机。前清华大学校长陈吉宁指出，MOOC 有较好的发展前景，虽然该前景具有一定的不确定性，但从实际情况来看，具有逐利性的风险投资，正在大规模涌向在线教育，都想在这一领域抢滩布局。一场新的互联网投资和创业竞赛刚刚开始，虽然在线教育的商业模式还在探索之中，但有可能孕育出新的伟大的互联网企业。

目前，对于国际几大 MOOC 平台而言，它们不断探索和研究可持续的商业发展模式以及潜在的盈利方式。例如，提供付费认证证书是 Courser 已实施的一种盈利方式。学生在平台上学，其中有许多的免费课程，但只有付费之后才能得到相关大学的官方认证。再如，职业介绍服务与企业培训。MOOC 平台探索与企业的合作方式，有些企业是有招聘需求的，而有些学生则是在 MOOC 平台上学习并且符合企业要求，在这种情况下，MOOC 平台可以将二者联系起来。通过此类平台，企业可以寻找到适合本公司的学生信息，但也需要支付一定的信息服务费。Audacity 平台从 2012 年 10 月开始实施就业计划，并帮助一些软件工程师找到了工作；通过平台筛选出课程表现优异且符合要求的学生，将他们的简历提供给雇主。可以让企业员工在企业内部进行平台上相关课程的学习，并获得认证，以此作为企业内部的培训，未来还将根据企业的实际需求提供一些定制的课程服务。此外，还有很多种盈利方式需要进行深入的探索和实践验证，如个人辅导、监考考试、高校合作费用等。同时，MOOC 平台还可以借助庞大的网络点击率对广告商的加盟产生一定的吸引力，通过发布广告的方式来获取利润；或者推动相关附属产品的开发和出售，把收费的大数据分析提供给相应的企业或研究机构，等等。

总体来说，MOOC平台存在着巨大的盈利可能，但平台的发展尚处于探索阶段。随着各类新平台不断的创建和发展，网络课程市场的竞争变得愈加紧张和激烈，对于那些率先探索出可持续的商业运作模式的平台而言，它们往往能够占得先机，走在发展的前端。

（四）MOOC将为继续教育带来全方位的变革

MOOC的兴起为继续教育的发展指出了一条新的道路，虽然作为一种新的形式，能否彻底颠覆传统的继续教育模式尚未可知，但它势必对传统继续教育的教学模式、教师、教育质量、学习者带来全方位的变革。

1. 对继续教育教学模式的影响

MOOC作为在线教育的模式，教学不再需要面对面开展，由以教师为中心的教学模式转变为以学生为中心，整个学习的过程主要是学生在虚拟环境中开展非正式的学习。

首先，将带来教育对象的拓展。MOOC的开放性，使其轻易地将传统课程实现了短时间内的大范围推广，推动了教育对象范围的扩展，进而实现"终身教育"和"大众教育"，让更多人意识到为了推动自我提升、适应社会发展的需要，终身教育和继续教育是十分必要的，而MOOC为这两种教育提供了相应的平台和工具。从时空上看，人们通过MOOC学习将拥有更长的学习年限，实现了学校教育的延续，使得一部分业余学习者的需求得到了满足，推动了在职群体知识的更新。从地域上看，MOOC打破了空间上的壁垒，让资源缺乏的地区也能享受到继续教育资源。

其次，将带来教学内容的丰富。课堂制作方的精心设计是MOOC课程教学内容的主要来源。教学内容不再受单独某所学校的限制，学生也可以基于自身的实际情况和兴趣进行教学内容的选择。教学内容不仅呈现总量上的增进，而且能够得到及时更新，与时代契合度非常高，这是传统的继续教育所不能比拟的。同时，教学内容在交互过程中会产生扩充，变得更加丰富。

最后，将带来教学环境的改变。MOOC教学受到科技发展的影响创建了虚拟的教学场景以供学生进行学习。在MOOC学习中，教师在前期并不了解学生的基本情况，一般都采用阶段性的进阶课程，逐渐深入，等等。由此可见，对于MOOC的整个教学系统而言，其主要特征有开放性和虚拟性。

2. 对继续教育教师的影响

MOOC 使教与学分处于不同的时空内，师生间可以实现平等的交流，这意味着传统的面对面交流方式被打破，进一步体现了民主性与平等性。这也使得教师需要重新构建自身的角色，努力与 MOOC 时代开放、多元的时空转变的特点相适应。

第一，教师成为以学生为中心的教学活动的组织者与协调者。传统的继续教育中，教师与学生之间往往只存在单向的沟通路径和极少数的反馈，而难以形成良性的双向沟通。对于学生而言，处于 MOOC 平台的教师不再是传统的单向关系，他们会更多地对学生进行协助、引导，帮助学生进行自我知识体系的重新构建，共同建立基于知识体系的流动系统。

第二，MOOC 学习者具有更高的自我约束能力和学习效率，并通过自主选择进行继续教育。因此，能够开设 MOOC 课程的教师，需要具有深厚的专业背景知识，可以引导学生对专业领域的知识进行系统的掌握，推动学生对该领域认识的提升。

第三，在 MOOC 课程中，教师要进行多项工作，其中包括课程维护、参与互动讨论等，促使其形成更为多样的角色形象，需要经过专业训练而成为网络教育教学的设计者、组织者、引导者与创新者，同时担当指导员、咨询员、辅导员、协调员、监督员等多种角色。

3. 对继续教育教学质量的影响

MOOC 课程对大众教育质量提升的进程产生了重要的推动作用。虽然目前 MOOC 教育还不具备较高的社会认知度和认可度，且缺乏完整的体系和标准，但随着它获得的评价不断提高、认可度也提升，MOOC 对继续教育质量的提升将越来越受到重视。一方面，MOOC 能够提升继续教育的参与率，使更多的人加入终身学习当中；另一方面，MOOC 能够加速欠发达地区教育的发展进程，缩小教育的贫富差距。

4. 对接受继续教育的学习者的影响

MOOC 不会限制学习者的数量，这也是开放性、大规模课堂的首要特点。MOOC 课程应用于继续教育，能够吸引一大部分在职人员和继续教育者的参与。这部分人对新生事物的接受能力和学习能力较强，在职人员对自身的学习需求和学习目标也有较为明确的规划。因此 MOOC 对于在职提升来说是一个非常有效的途径。

四、MOOC（慕课）在我国的发展

我国的 MOOC 建设已经起步，并取得了一定的成就；近年来，与国际 MOOC 平台的合作逐渐增加。

清华大学、香港大学和香港科技大学正式加盟 edX，成为首批亚洲高校成员。清华大学依托 edX 平台资源，推出"学堂在线"平台，面向全球提供在线课程。当前"学堂在线"结合国际化的平台和本土化课程，已成为最大的中文 MOOC 平台。

同时，台湾大学也加入 Courser 平台，并推出全球首批中文 MOOC 课程——"秦始皇"和"概率"。台大相关负责人指出，台湾大学制作 MOOC 课程放在 Courser 平台具有三个重大意义。一是近十年来，台湾大学的教育改革取得长足进展，已经具备了向世界输出优质教学资源的能力和条件，这是台湾大学教学发展的重要里程碑。二是改变华人世界对台湾大学的刻板认知。通过这个契机，利用 MOOC 平台与学生直接接触，向华人世界展示台湾大学的优质教学特色和实力。三是在 MOOC 起始阶段占领先机。台湾大学的主动出击，早上线、留好口碑，才能获得更多学术的诠释权，而不至于跟随大流，被边缘化。

上海交通大学和复旦大学成为加盟 Courser 的首批中国内地高校，利用该平台，不仅为中文学习者提供了在线学习机会，更传播了中国的优秀文化和教育资源，推进基于 MOOC 的教育教学改革，提升教学质量。

北京大学同时加入 edX 平台和 Courser 平台，在两个平台上投放课程并利用国内学生方便访问的网易视频上传课程视频。随后，清华大学发起和组织大规模在线教育论坛，成为国内第一次以 MOOC 为主题的论坛。论坛吸引了国内外多家知名高等学府的专家和教师的共同参与，拉开了中国 MOOC 发展和研究的序幕。

在国家的高度重视下，近年来，我国自主开发的大规模在线教育平台建设逐渐起步。上海交通大学等"C9"高校及多所"985"院校达成一致，在教育部的支持下，对如何建设中国 MOOC 这一问题进行深入的探讨，推动高水平在线课程平台的建设，使在线优质资源共享得以实现，推动中国高校教学模式改革，并探索"在线开放课程"资源向社会开放。海峡两岸的五所交通大学联合成立 want 育网平台，陆续推出多门课程，并致力于通过教学互动及学习评价等运行机制，最终为学习者提供课程获得证书，力争通过完整的在线教育模式，为其提供高品质的免费资源及终身教育；同时，与企业界合作，协助企业进行培训及遴选所需人才。除高校的尝试外，华东师范大学还组织国内部分中小学建立 MOOC 联盟，联合国内 20 余所著名高中、20 余所知名初中和华东师大附小等 20 余所小学分别成立高中、初中和小学"C20"慕课联盟。

除学界的积极行动外，国内各大网络运营商也纷纷抢占 MOOC 市场的制高点。网易公开课是国内最早加入国际开放课件联盟的在线教育产品。网易云课堂正式上线，为用户提供教学内容的生成、传播和消费服务。随后，网易公开课正式与 Courser 展开全面合作，一方面网易为 Courser 提供视频托管服务，另一方面由网易公开课专门开辟 Courser 官方中文学习社区。这一合作解决了国内用户无法读取境外视频资源的困惑，同时帮助学习者消除了语言障碍，促进相互之间的协作与互动。知名视频网站优酷也尝试抢占 MOOC 的新市场份额，与 Udacity 达成官方合作，成为国内唯一的 Audacity 课程制作发布平台，汇集数十门课程以及近千集翻译成中文的 Udacity 最新在线视频，学生和网友可以在线观看、评论和互动交流。其他网络运营商，如新浪、淘宝等，也推出各自的教育频道，吸引在线学习者，纷纷介入 MOOC 市场。

总体来说，我国在 MOOC 市场的反应较为迅速，跟上了时代发展的潮流。然而目前，诸多 MOOC 的发展意向和发展计划还未能转化成真正的实质性行动，还需要政府、学校、网络公司等主体之间的共同思考与谋划。

第四节 "互联网+"背景下继续教育体系的构建

一、发挥宏观政策的导向作用，加强整体规划

基于"互联网+"的继续教育体系规划，应尽快出台相关的政策文件，推动指导思想的确立，促使信息资源整合不断加强，推进相关制度的贯彻落实，包括基于互联网的信息建设、应用、安全、保护等各个方面，建立督导、评价与奖励机制，将"互联网+"建设工作纳入继续教育管理的目标与考核之中。

以"互联网+"为基础的继续教育体系构建是一个涉及面极广的系统工程，对"互联网+"的认识、理解和需求，各相关部门和单位是有差异的，因此，建立利益相关者的协作制度对推进继续教育体系的构建十分重要。在体系构建中，

应充分发挥宏观政策的导向作用，促进教育行政部门、学校、教育机构、社区、家庭、企业、社会组织等多方合作，使各利益方的资源优势和主动性得到充分发挥、利益诉求得到满足，进而实现合作共赢。

将体系建设与互联网应用相结合，推动继续教育网络应用环境的构建，注重以实用为导向，推行相应的应用方案，促使继续教育资源不足、学习者需求多样等问题得到有效解决，将"互联网+"的理念融入体系构建的各个环节，促进信息技术与课程的深层次融合，借助互联网技术提高继续教育质量，切实提高继续教育教学与管理的效益，促进教育现代化。同时，鼓励社会力量和个人参与到继续教育活动中，加强实践创新，共同提升继续教育质量。

二、探索基于"互联网+"的发展新模式

在继续教育体系的构建中，应改变以学校为单位孤立地进行"互联网+"建设的局面，促使区域教育信息化整体、协同发展，推动服务联盟的建立以及"互联网+"发展新模式的探索。通过继续教育系统内部的整合，突出多样化的学习需求，提供优质的教育服务，建立继续教育共同体。建立教育部门、学校、网络服务企业之间的协同规划和运行机制，完善责任与激励机制，同时，让学习者参与到整个教育活动当中。

"互联网+"会对继续教育产生极大的影响，这在教育资源的重新配置和整合上有所体现。互联网突出了优质教育资源的价值，促使其利用率进一步提升，从而推动我国继续教育走向国际化。

近些年，我国不断推进MOOC建设，以顶尖高校为首的教育机构与国际MOOC平台的合作机会也在不断增加，这就意味着"互联网+"时代的继续教育国际化的进程将会不断加快。对于这种趋势，继续教育体系的构建既要积极迎接国际化带来的开放、共享的优质资源效益，又要避免国际化对自身发展的冲击。"互联网+"提高了继续教育的进化能力，这将对教育生产者的敏锐性和生产能力提出更高的挑战。因此，继续教育的提供者必须时刻准确地把握新的发展方向，了解学习者不断变化的学习诉求，研发最新的技术，积极调整发展模式，才能在"互联网+"背景下的继续教育中保有一席之地。

三、建立学习支持和公共服务管理体系

只有具备了作为重要支撑力量的完善的硬件及软件环境条件，才能更好地完成基于"互联网+"的继续教育体系的构建。因此，在继续教育体系构建中，

要充分考虑以网络学习为基础的基础设施、应用设备的建设；促使软件的开发与应用进一步加强，全面推进相关技能培训的开展，推动学习者的能力和信息素养不断提高，进而得到有效的学习成果。加强对网络学习的管理，成立由政府牵头的继续教育协调机构，建立政府投入为主、社会力量捐助和受益者适当出资相结合的多渠道经费筹措机制。充分发挥有关专家、学者、科技人员、管理人员的作用，组成服务队伍，开展基于互联网的继续教育服务，不断提高终身教育的管理水平和服务水平。发挥区域教育网络的作用，更好地实现优质资源共享。

四、坚持线上教育与线下教育的结合

在线学习是互联网带给继续教育的一种学习形式，也是必然的发展趋势，但并不能完全取代传统的线下继续教育方式。要在继续教育体系的构建中，坚持线上教育与线下教育的有机结合，协调好相关的部门和团体，在区域内构建起开放共享、虚实结合的继续教育网络。为学习者全面接受终身教育创造良好条件，最大限度地为不同年龄、不同层次、不同需求的公民提供学习机会、满足人们多样化的学习需求，创建"人人皆学、处处能学、时时可学"的学习型社会。

五、把握"大众创业，万众创新"带来的发展机遇

"大众创业，万众创新"作为我国经济提质增效升级的"新引擎"在继续教育发展中将起到重要作用。

一是把握新政策，鼓励社会力量参与继续教育。充分利用"大众创业，万众创新"带来的一系列新政，将更多的社会力量引入继续教育领域。"互联网+"背景下的继续教育体系构建，不应忽视社会力量参与的重要影响。当前，继续教育资源与机会同学习者的学习需求相比，普遍呈现供不应求的状态，社会力量的参与能够有效缓解继续教育资源的不足，进一步拓展继续教育市场，为学习者提供更多的受教育机会和选择空间。

二是以需求引领参与主体开展继续教育创业创新活动。在更广阔的发展空间中，主管部门可放手让市场选择和配置创新要素，让继续教育的组织者和参与者面向学习者的需求开发新产品。继续教育机构应积极探索新创意、新产品、新技术，从原有的单纯提供继续教育产品向提供全方位、个性化、多样化的解决方案转型。

三是在继续教育内容上，对全民的素质培养和创业教育需进一步加强。"大

众创业，万众创新"的提出，将大大激发全民创业的热情，同时也将暴露我国在创业教育和国民素质培养上的不足，这将成为继续教育需求的新增长点，因此需加大力度发展面向创业者的继续教育。

六、案例：沈阳市数字化学习社区建设

（一）数字化学习社区建设的实践探索

1. 数字化终身学习平台建设

在推广市民学习方式的过程中，搭建相应的数字化终身学习公共服务平台是十分必要的，它是数字化学习的核心。沈阳广播电视大学（沈阳社区大学）率先建立"沈阳终身学习网"。该学习网是在沈阳数字化学习港建设基础上建立的，其目标是成为一个集互动学习、课程搜索、学习评测、学习过程管理、移动学习于一体的面向沈阳市所有市民的学习平台。网站涵盖网站介绍、社区教育、网上老年大学、职场专修、课程、数字化图书馆、学员风采七大类栏目，整合并拥有海量的满足市民学习需求的微课程、三分屏课程、网络课程等各类优质资源。网站服务宗旨是便于市民参与、学习、体验、交流、积累、激励、评比、活动，使每一个市民都能在这里找到适合自己的教育服务。

2. 数字化学习资源建设

对于社区教育数字化学习而言，其学习资源主要包括数字文献资源、课件学习资源、视频学习资源、微课程、网络课程、慕课等现代化的数字化教学资源。建设内容主要包括：国家数字化资源中心沈阳分中心落户沈阳广播电视大学；国家开放大学数字化学习资源中心沈阳研发中心也在沈阳广播电视大学成立。社会公共教育资源适时整合、共享，从而把更加丰富的学习内容和更为广阔的学习空间提供给了相应的社区居民。

①建设数字化学习资源库。目前，沈阳数字化学习资源库学习课程已达到37740节（学时）。从内容上进行划分，可以将其分为三大类，分别是学历教育类课程、技能培训类课程、休闲健康类课程。从学习形式上进行划分，可将其分为"三分屏"课件、视频课件、动画类课件、文本课件。在提供和选择不同的学习资源和学习方式时，要以市民不同层次的需求为依据进行选择。

②建设全能型的教师队伍。教师队伍在学校推进战略转型和开放大学建设，并在终身教育体系构建中起到决定性作用。沈阳广播电视大学拥有一支精

湛、精炼的教师队伍。通过系统培训和锻炼，所有专任教师能够掌握视频资源制作的基本技术，达到独立制作视频资源的能力要求，从而提升所有专任教师的业务水平。加强制度和机制建设，使教师制作视频学习资源工作常态化，同时建设好数字化学习资源研发基地，在基地建设中把所有专任教师锤炼成数字化学习资源制作的骨干。一支会讲课、会录课、会做课的掌握现代信息技术和现代远程教育理论的全能型教师队伍正在形成。

3. 数字化学习社区基地建设

为了促使学习资源发挥其应有的作用，在建立高效的学习平台和提供优质教育资源的基础上，完善"数字化社区学习中心"的功能，在街道选择一个社区，作为"终身学习示范基地"。示范基地的试点工作，使得数字化学习的认知度进一步提升，充分发挥数字化学习与传统学习模式形成的互补效应，促使数字化资源利用最大化得以实现。建设数字化社区学习中心既要标准化、规范化，又要考虑实际教学工作需要，关键在于学习的有组织性、可持续性、可视性、互动性、发展性等目标。

4. 数字化学习保障机制建设

①建立"终身学习服务中心"。沈阳市政府办公厅下发的57号文件《沈阳市关于推进社区教育发展的实施意见》明确指出，充分利用现代信息技术，推动具有地方特色的社区教育网站的建立，积极营造终身学习、自主学习的氛围。形成相应的服务区域，提供相应的场地和窗口，促使终身学习资源一站式服务得以实现，了解和掌握市民对学习的需求。

②落实经费，保障数字化学习社区建设的全面推进。在数字化学习社区的建设过程中，一个重要的前提就是资金保障。沈阳社区大学在数字化教学资源及平台建设中预算投入1000万元。沈阳市教育局、各区县教育行政部门也在社区学习中心的教学基础设施建设上给予很大的支持，以此来保证数字化学习社区建设的顺利进行。

③协调整合，推动数字化学习队伍的建设进一步加强。充分发挥社区大学教师队伍的龙头作用，通过对社区学院教师的培训和指导，使其尽快掌握数字化学习资源制作与应用的能力，并通过社区学院的教师实现对数字化学习中心配备的数字化学习专职辅导员进行专业指导。

（二）数字化学习社区建设的思考

1. 数字化学习平台建设的理性思考

在终身学习公共服务平台的建设过程中，其规模化的实现可以推动教育系统和社会效益的有机结合，也可以促进课程建设的有效实施。我们认为，要将重点放在"沈阳终身学习网"的建设上，以平台共建为导向，规划和整合终身学习的各个方面和环节，推进资源的共建和共享。因此，平台建设与资源应用是实现数字化学习社区建设的重中之重，是锻炼队伍，提升社区大学服务能力，扩大网络学习影响力的重要途径。

2. 加强数字化学习资源和社区学院的建设

（1）创新科学的终身教育观念

推进大社会、大教育观念的确立，推进科学化、现代化教育观念的确立，推进系统化、整合化终身教育的观念的确立。

（2）创新各级社区学院的现代化建设

对于社区大学（学院）而言，要积极推动现代教育体制和现代服务机制的建立，促使组织和队伍建设进一步加强，推进管理体系的改善。

（3）加强数字化课程建设

对各类终身学习机构实行一体化的系统整合；整合学院的教育管理；整合学院的教育过程、教育方式及教育行为，实现一体化；整合社区学院的资源流、师资流与信息流，实现三位一体。有计划、分步骤地推广数字化学习，在逐步完善网络课程的基础上，积极地在各居民小区推广数字化学习。同时，着手开展首批十个"终身学习示范基地"的试点工作。在继续完善学习平台建设的同时，推动网络管理等方面的问题的解决，为市民学习提供有效服务。

（4）借鉴国内外的先进经验

隶属于区域管理的社区学院要积极学习国内外终身教育的先进管理经验，推进新的理论知识的学习和教育观念的改善，做到与时俱进，促使可持续发展的动力不断增强。

参考文献

[1] 廖远兵.高职继续教育市场竞争实证研究[M].长春：吉林大学出版社，2018.

[2] 杨泉良，许占权.教师从业要求与继续教育[M].武汉：武汉大学出版社，2017.

[3] 刘华锦.网络研修：教师继续教育新思路[M].成都：西南交通大学出版社，2016.

[4] 李昕阳.现代职业继续教育培训[M].长春：吉林人民出版社，2015.

[5] 余善云.远程教育创新研究[M].成都：西南交通大学出版社，2015.

[6] 应松宝.西南交通大学远程与继续教育十年优秀研究成果选编[M].成都：西南交通大学出版社，2015.

[7] 郑淮，马林，李海燕.成人教育基础理论[M].广州：中山大学出版社，2015.

[8] 杨志坚.中国远程高等教育发展研究报告（2014）[M].北京：中央广播电视大学出版社，2015.

[9] 冉蜀阳.高等学校继续教育示范基地研究成果汇编[M].成都：四川大学出版社，2014.

[10] 王红新，陶爱珠，沈悦青.大学使命：国际视野下的一流大学继续教育[M].上海：上海交通大学出版社，2013.

[11] 李甦，康耘坤.东陆之光：职业与继续教育学院卷[M].昆明：云南人学出版社，2013.

[12] 何桥，马启鹏，吕文娟.高校继续教育转型发展研究[M].杭州：浙江大学出版社，2012.

[13] 杜晓成.武汉大学继续教育创新与实践[M].武汉：武汉大学出版社，2011.

[14] 胡锐. 论高校继续教育战略转型与实施策略 [J]. 继续教育，2012，26（2）：3-7.

[15] 解丹阳. 地方高校继续教育转型发展的路径探寻 [J]. 职业技术教育，2018，39（08）：19-22.

[16] 徐平平. 高校继续教育管理模式的创新策略 [J]. 江苏理工学院学报，2018，24（06）：65-67.

[17] 孙琬婷，赵亮. 我国高校继续教育办学定位与人才培养方式改革 [J]. 教育与职业，2018（10）：36-41.

[18] 张立忠. 高校继续教育定位及其实践对策 [J]. 继续教育研究，2017（02）：11-13.

[19] 陈其晖，田甜. 国外高校继续教育的管理模式研究 [J]. 成人教育，2017，37（06）：88-90.

[20] 严继昌. 教育创新发展背景下高校继续教育的战略转型 [J]. 开放学习研究，2016（03）：1-8.

[21] 余晋. 高校继续教育转型发展的路径分析 [J]. 继续教育研究，2016（02）：10-12.